KB072354

3개월마다 만나는 마이크로 트렌드

Vol.2 "포노 씨의 하루"

MiCRO TREND

3개월마다 만나는

마이크로 트렌드

Vol.2
포노 씨의 하루

포럼M(한국능률협회 밀레니얼연구소) 지음

차례

PART 1 트렌디한 모든 것을 큐레이션하다!

핫 트렌드 키워드

PART 2 팔딱이는 트렌드 뒤에는 이들이 있었다!

브랜드 담당자가 직접 전하는 생생한 스토리

PART 3 한눈에 이해하다!

데이터로 만나는 트렌드

이 책을 읽기 전에

세상은 빠르게 진화하고 있고, 트렌드는 예측할 수 없을 만큼 시시각각 변하고 있습니다. 실시간으로 트렌드를 분석해주는 전문 부서가 있으면 좋겠지만, 그렇지 않은 기업들이 대부분입니다. 그렇다고 인플루언서들의 강연을 매번 찾아다니기는 더더욱 어렵습니다.

《3개월마다 만나는 마이크로 트렌드》는 매달 분석되는 트렌드 자료를 바탕으로 트렌드를 이끄는 키워드와 관련 사례들을 담아 분기별로 독자 분들을 찾아갑니다. 특히 기존 트렌드 도서와 다르게 트렌드를 이끄는 브랜드 담당자들의 생생한 현장 이야기를 담아, 좀 더 구체적으로 브랜딩, 마케팅 사례를 이해할 수 있도록 도왔습니다.

이 책은 전반적으로 밀레니얼-Z세대(이하 MZ세대)의 트렌드를 담고 있습니다. 그 이유는 전 세계적으로 이들이 노동시장에서 가장 높은 비율을 차지하고, 소비 구매력의 관점에서도 핵심이 되어가고 있기 때문입니다. 특히 문화, 콘텐츠, 마케팅 관점에서 접근하여, 현재 어떤 문화 현상이 일어나고 있고 그들이 어떤 콘텐츠에 열광하며, 어떤 마케팅에 반응하는지 풍부한 사례를 담았습니다. 마케팅, 기획, 창업 아이디어가 필요한 분들에게도 도움이 될 것입니다. 이 책에 실린 '누구보다 빠른' 트렌드로 시대를 읽고, 생생한 인플루언서들의 이야기를 통해 자신만의 브랜드를 키워나가거나 마케팅 실무에 적용할 수 있는 팁을 얻어가길 바랍니다.

“7월의 어느 날, 포노 씨의 하루는 이렇게 시작된다. 아침에 일어나자마자 집 문 앞에 놓여 있는 '새벽배송' 박스를 가지고 들어와 음식 재료들을 꺼냈다. 오늘 아침 메뉴는 우삼겹된장찌개다. 재료들이 손질되어 있어 물만 붓고 기호에 맞게 두부 등을 첨가해 끓이기만 하면 끝!

오늘도 든든하게 아침을 시작한다. 아침을 먹고 컴퓨터를 켠다. 코로나19로 인하여 재택근무 중인 포노 씨는 출근시간이 줄어들어, 아침시간이 여유로워졌다. 업무를 시작하기 전에 커피 한 잔과 함께 '뉴닉'의 뉴스레터를 읽고 '유튜브 뮤직'으로 음악을 듣는다. 1시간 가량의 여유를 만끽하고 '줌ZOOM'을 켜 간단한 업무 회의를 한다. 점심시간 역시, 새벽배송으로 배달됐던 샐러드와 샌드위치를 먹으며 '밀리의 서재'

에 들어가 읽고 있던 소설 책을 끝냈다. 오후 6시, '플로우FLOW'로 업무 보고를 마치고 퇴근(?)준비를 마친 포노 씨는 철 지난 옷들의 드라이 클리닝이 생각나 '런드리고'를 통하여 클릭 한 번으로 겨울 코드와 구스 이불 세탁을 맡겼다. 이틀 전 문 앞으로 배달 왔던 '술담화'의 막걸리 샴페인을 냉장고에서 꺼냈다. '배달의민족'을 통해 두부 김치도 주문했다. 배달을 기다리며 '넷플릭스'를 켜 인기몰이 중인 '인간 수업'을 보기 시작했다. 배우들의 연기에 빠져들다 보니 어느새 마지막 회가 끝났다. 살짝 취기가 올랐지만 찌뿌듯하여 '클래스101'을 켜고 운동 클래스를 따라 열심히 운동을 하고 나니 금세 몸이 가뿐해진 기분이다. 벌써 하루가 끝나가는 시간, 잠자리에 들어 명상 앱 '마보'를 켜고 오늘의 컨디션에 맞게 추천해 준 명상을 하며 포노 씨는 하루를 마무리 한다. ❞

《3개월마다 만나는 마이크로 트렌드》 Vol 2. '포노 씨의 하루'는 '포노 사피엔스' 시대에 살고 있는 포노 씨의 하루와 같이 어느덧 우리 생활에 밀접하게 들어와 있는 언택트 비즈니스와 콘텐츠의 변화 등을 다루고자 합니다. 이 책이 미래를 준비하는 힘을 기르는 데 도움이 되기를 바랍니다.

PART 1

트렌디한 모든 것을 큐레이션하다!

핫 트렌드 키워드

1.

호모집쿠스

코로나19 확산 방지를 위한 '사회적 거리 두기'와 '잠시 멈춤' 캠페인으로 집에서 모든 것을 해결하는 '집콕족(族)'이 새로운 문화 트렌드로 자리 잡았다. 코로나19의 확산으로 '집'이 부각되기는 했지만, 사실 우리는 원래 '집'을 사랑하는 세대다. 코로나 때문에 잠시 잊고 있었지만, 코로나 이전에도 초미세먼지와 미세먼지의 심각성으로 인해 집콕 문화가 발전할 것이라는 전망은 있어왔다. 또한 3저低시대(저성장, 저금리, 저물가)가 도래하여 실업자와 구직포기자 수가 많이 늘어나면서 외부활동 자체가 줄어들었고, 집 밖에서의 경쟁과 수많은 관계에서 오는 피로감, 경제적 스트레스는 밀레니얼들의 관심을 집 안으로 돌렸다.

'나 자신의 가치'가 가장 중요한 MZ세대는 할 수 없는 것은 과감히 내려놓고, 할 수 있는 것들을 하면서 얻는 자기 통제감을 누리고자 한다. 그래서 자신의 통제하에 있는 집 안에서 적극적으로 삶을 즐기는 방법을 찾아가려 한다. 밖에서 시간과 돈을 쓰며 또다시 피로해지기보다는 집에서 '소확행'을 즐기며 '가심비' 있게 노는 것을 선택한다.

집은 '자기 통제감'과 '자유로움'을 동시에 주는 공간이다. 밀레니얼은 '집'이라는 공간에서 자유롭게 자신이 원하는 것을 즐긴다. 더불어 집에서 고립되기보다는 너무 가깝거나 멀지도 않은 적당한 관계를 추구한다. 공간으로서의 집은 무한한 변신을 하고 있고, 놀이로서의 집은 즐거운 나의 생활공간이며, 관계로서의 집은 더 이상 외로운 곳이 아니다.

우리는 이제 '집'에 주목해야 한다. MZ세대에게 집은 단순히 편안한 휴식의 공간만이 아닌 일, 공부, 운동, 캠핑, 여행, 파티 등 무엇이든 할 수 있는 무한한 가능성을 지닌 공간이기 때문이다.

이번 장에서 이야기할 트렌드 키워드는 '호모집쿠스'다. 단군 이래 '집'에서 가장 많은 시간을 보내고 있는 시대, 홈족을 넘어 집과는 떼려야 뗄 수 없는 밀레니얼들이 어떻게 집이라는 공간을 활용하고 있는지 알아본다. 집이 가진 무한한 가능성과 밀레니얼에게 집이 주는 의미를 재발견해보자.

코로나로 바뀐 소비 변화: 언택트를 넘어 온택트 시대로

코로나19 이전의 언택트(Un+contact)는 카페, 편의점 등의 소비자 구매 시스템에 적용되는 수준이었지만, 코로나 사태 이후 사회 전반에서 다양한 아이디어와 접목되며 새로운 트렌드를 만들어 내고 있다. 특히 '드라이브 스루 선별 검사'에서 아이디어를 얻은 다양한 '드라이브 스루+α' 서비스가 등장했고, 온라인을 통한 전시회 및 공연이 늘어나고 있으며, 집콕 생활에 지친 이들을 위한 유명인들의 다양한 챌린지가 공유되면서 일상생활 언택트에 '연결(On)'을 더한 온택트(On+contact) 문화가 확산되고 있다. 또한 재택근무가 늘어나면서 화상회의를 위한 관련 모바일 앱 사용이 폭발적으로 늘어났고, 온라인 개학의 영향으로 교육 분야에서 비대면 학습 이용자가 증가하는 등 다양한 분야에서 온택트 적용 사례가 증가했다.

온택트의 기저에 깔려 있는 것은 불안과 포비아(phobia)다. 이준영 상명대 경제금융학부 교수는 한 매체를 통하여 "지금의 새로운 언택트는 일시적인 현상이라 할 수 있다. 코로나 바이러스가 트리거가 돼 나타난 불안 심리 때문에 사람들이 접촉을 피하려 하는 것이다."라고 봤다. 대면 접촉을 통해 감염될 수 있다는 공포가 만연한 상황에서 사람들은 스스로를 지키기 위해 라이프 스타일을 강제로 바꾸기 시작했다. 그리고 공공과 민간 등 분야를 가릴 것 없이 바뀐 패턴에 맞추며 새로운 기회를 노리고 있다.

코로나19는 '홈루덴스(Home Ludens)' 문화의 확산으로 이어졌다. 홈루덴스는 놀이하는 인간을 뜻하는 '호모루덴스(Homo Ludens)'에서 파생된 말로, 멀리 밖으로 나가지 않고 주로 집에서 놀고 즐길 줄 아는 사람을 가리키는 신조어다. 집 안에 갇혀 있다는 사실에 스트레스를 받기보다 나만의 안전한 공간에서 영화감상이나 운동, 요리 등의 취미를 즐기려는 사람이 여기에 해당된다. 전문가들은 코로나19 예방을 위한 '사회적 거리 두기'와 삶의 질을 중요시하는 사회 분위기가 맞물리면서 가정에서도 외식 못지않은 식사와 여가를 즐기려는 욕구가 홈루덴스 문화에 반영됐다고 분석한다. 특히 이 같은 문화의 확산은 요식업, 숙박업을 비롯한 서비스산업 전반의 변화를 예고하고 있어, 새로운 수요를 예측하고 선제 대응하는 것이 중요한 과제가 될 것이다. 강원연구원 연구위원인 황규선 박사는 "코로나19는 자신이 모든 것을 통제할 수 있는 집이 가장 안전하다는 인식을 심어줬다."며 "홈루덴스의 확산은 새로운 비즈니스 기회 창출을 포함한 산업 변화는 물론 사회적으로도 큰 변화를 가져오게 할 것"이라고 했다.

확장된 랜선 행사 1: 어린이날 청와대 랜선 초청

청와대가 지난 5월 5일 어린이날을 맞아 인기 온라인게임 '마인크래프트'를 활용한 청와대 '랜선 견학'을 실시해 화제를 일으켰다. 코로나19 상황에서 해마다 진행하던 오프라인 초청행사 대신 가상공간을 꾸려 영상으로 인사를 하고 어린이들에 인기 있는 게임을 활용해 주목도를 높였다.

영상에 등장하는 문재인 대통령 내외와 반려묘 찡찡이, 청와대 본관 및 영빈관 등이 모두 다 게임 속 네모 블록으로 구현돼 눈길을 끌었다. 마인크래프트 방송으로 유명한 도티, 탁주, 찬이, 최케빈, 블루위키 등 어린이들이 좋아하는 유튜브 크리에이터들도 깜짝 출연했다.

확장된 랜선 행사 2:
요즘 누가 티켓팅 해? 안방 1열 문화행사

방탄소년단과 SM엔터테인먼트의 스타군단 슈퍼엠의 온라인 콘서트가 랜선 공연의 대표적인 예다. 방탄소년단의 무료 온라인 스트리밍 축제 '방방콘(방에서 즐기는 방탄소년단 콘서트)'은 조회 수가 5,000만 건을 넘었고, 슈퍼엠은 온라인 전용 유료 콘서트 '비욘드 라이브(Beyond Live)'를 선보여 120분 1회 공연(7만 5,000여 명 접속)으로 약 25억 원의 수익을 냈다.

미국 유명 래퍼 트래비스 스콧이 2020년 4월 24일 연 콘서트에는 1,230만 명이 몰렸다. 콘서트가 열린 장소는 에픽게임즈가 만든 '포트나이트' 게임 속 가상현실이었다. 트위치나 유튜브와 같은 스트리밍이 아니라 실제 게임에 접속해서 본 사람의 숫자가 이렇게나 많았다. 영상에 익숙한 MZ세대가 콘텐츠 소비시장으로 들어오며 상황이 바뀌고 있는 것이다.

그 외에도 다양한 문화행사들이 온라인으로 제공되고 있다. 뮤지컬 '투란도트'도 해당 유튜브 채널을 통해 온라인 상영회를 가졌고, 대구국제뮤지컬페스티벌은 그간 축제 아카이빙을 위해 보관해온 다양한 공연 실황과 비하인드 영상들을 공식 유튜브 채널을 통해 공개했다. 서울시오페라단은 2013년부터 2018년까지 많은 관객들에게 사랑받았던 오페라 '마티네'를 새 단장하여 '마티네 시즌2-오페라 톡톡(Opera talk talk)'으로 돌아왔다. 오페라 한 작품의 하이라이트를 해설과 함께 감상하던 이전과 다르게, '오페라 톡톡'은 오페라 작곡가의 작품들 중 유명 곡들을 연주와 함께 토크쇼 형식으로 선보였다. 오페라를 좀 더 쉽고 재미있게 즐길 수 있는 무대를 만들어 온라인 생중계로 고품격 문화생활을 할 수 있도록 도왔다.

VR 전시로 진행된 서울 바라캇갤러리의 '펠레스 엠파이어' 전은 25일 동안 약 700명의 관람객이 방문했다. 2020년 3월 옥션에서 열린 경매 출품작 VR 전시는 5일간 1,000여 명이 참여했다. 수년 전부터 실행되고 있었지만 최근 코로나19로 주목받은 언택트 뮤지엄 VR 전시는 이제 단순한 대안이 아닌 미술계의 대세로 주목받고 있다. 이처럼 VIP석보다 편한 '내 방'에서 더 다양한 문화생활을 즐길 수 있게 되었다.

확장된 랜선 행사 3: 무한 확장 랜선 놀이

요즘 MZ세대는 학교 친구들과 온라인으로 만난다. 강제로 모여야 하는 수업시간이 아니라, 자발적으로 약속시간을 정해 화상회의 플랫폼에 접속해서 수다를 떨기도 하고, 포즈를 맞춰 사진을 찍기도 한다. 게임을 하면서 디스코드(discord)라는 앱으로 게임에 참여한 친구들과 게임하는 내내 소통한다. 생일파티를 온라인으로 여는 모습도 눈에 띈다. 단순히 텍스트로 축하한다고 메시지를 보내는 것이 아니라 표정과 목소리를 실시간으로 보고 들으며 온라인으로 함께 파티를 하는 것이다. 특히, 연예인들의 랜선 생일파티가 많아졌다. 시간, 비용상의 이유로 오프 파티에 참석하지 못하였던 팬들이 랜선 생일파티로 자신이 좋아하는 스타의 생일을 함께 축하해 줄 수 있게 되어 좋다는 평가가 많다.

답답함이 해소되지 않은 이들은 '랜선' 모임을 하며 시간을 보내고 있다. SNS 오픈 채팅방을 이용한 랜선 대화부터 늦은 밤 조촐한 맥주 한 잔을 찍어 올리는 랜선 술자리까지, 사람들은 자신의 근황을 전하고 시간을 다채롭게 쓰는 경험을 나누며 고립감을 떨쳐냈다. 대학생, 직장인들은 각자의 집에서 랜선으로 각자 마음에 드는 안주와 주류를 선택한 뒤 카메라에 대고 '짠(건배)'을 한다. 회식을 온라인으로 진행하는 회사도 있다. 랜선 회식은 늦게까지 이야기할 수 있어 좋고 막차 시간을 걱정할 필요도 없다. 랜선 술자리는 재택근무나 온라인 수업 중이라면 다음 날에 대한 부담이 없다는 장점과 과음이나 폭음을 하기 쉽다는 단점이 있지만 새로운 문화로 자리 잡고 있다.

기업들의 사회적 거리 두기 캠페인

코로나19의 확산에 따라 사회적 거리 두기의 중요성이 대두되면서, 국내외 기업들이 이에 동참하자는 메시지를 담은 변형 로고를 선보이고 있다.

맥도날드는 로고의 'M'자 모양 아치 사이를 띄워 간격을 벌였고, 코카콜라는 뉴욕 타임스퀘어 광고판에 글자 사이에 여백을 삽입한 로고와 함께 "떨어져 있는 것은 함께하기 위한 최선의 방법"이라는 슬로건을 게시했으며, 아우디, 폭스바겐, 벤츠 등 글로벌 자동차 브랜드도 영상을 통해 로고 변형과 함께 사회적 거리 두기 캠페인에 동참하자는 메시지를 전달하는 등 앞 다투어 사회적 거리 두기의 중요성을 홍보하고 있다. KFC와 스타벅스는 대표 캐릭터가 마스크를 쓰고 있다. 도쿄올림픽은 결국 2021년 여름으로 개최 시기를 1년 연기하며 오륜기가 서로 떨어져 있는 로고를 발표했다.

광고 마케팅의 변화

사회적 거리 두기가 시행되고 있는 현실 속에서 랜선을 통한 소비자와의 상호작용은 그 어느 때보다도 중요해졌다. 신제품 출시를 앞두고 있는 브랜드들은 오프라인에서 신제품 프로모션을

▲ 기업들의 '사회적 거리 두기' 로고 (출처: 아우디, 맥도날드, 코카콜라 페이스북)

하지 못하고 있는 상황이다. 그렇다고 손 놓고 있을 수는 없기에 브랜드들은 보다 적극적으로 온라인 프로모션을 진행 중이다. 삼성전자는 코로나19 영향으로 오프라인 행사 대신 온라인 영상 등을 마케팅에 적극 활용 중이다. 다만 제품을 직접 만져보고 싶은 니즈를 반영해 갤럭시 스튜디오에서 스마트폰을 빌린 뒤 일정 기간 체험해보는 '갤럭시 투고(to go)' 서비스와 체험용 대여 제품을 직접 배달해 주는 '딜리버리' 서비스 등을 함께 운영한다. 또한, 코로나19로 영업에 어려움을 겪어왔던 외식 프랜차이즈들은 가정의 달 특선 HMR(Home Meal Replacement; 가정식 대체식품) 상품을 출시했다. O2O(Online to offline)에 기반한 서비스를 통해 비대면을 강조한 모습도 많이 보인다. 롯데호텔 서울은 '드라이브 스루 픽업 서비스'를 마련했다. 지정된 공간에 정차 후 주문 번호만 확인하면 예약해둔 음식을 받을 수 있다.

모여봐요 동물의 숲: 커뮤니케이션 채널이 된 '동물의 숲'

코로나19가 세계적으로 아직 진행 중인 가운데, 닌텐도 게임 '모여봐요 동물의 숲(이하 동물의 숲)'이 브랜드의 새로운 커뮤니케이션 공간으로 활용되고 있다. 게임 자체가 젊은 층에 선풍적 인기를 끌고 있는 데다 파생 콘텐츠를 무료로 활용할 수 있다는 장점이 크게 작용했다. 동물의 숲은 '나'라는 캐릭터가 무인도에서 주민대표를 맡으며 동물 주민들과 함께 섬을 꾸려나가는 내용의 게임이다. 온라인 통신을 통해 다른 이용자의 섬으로 갈 수도 있고, 여러 사람이 한 섬에 모여 다양한 콘텐츠를 즐길 수도 있다.

수개월째 외부 활동이 제한적으로 이뤄지는 만큼 사람들은 온라인에서 더 활발히 모인다. 때마침 발매된 동물의 숲이 폭발적인 인기를 끌면서 서로 소통하며 커뮤니티를 만들고, 재택근무, 시위 등을 포함해 오프라인에서 진행되던 활동의 대부분을 동물의 숲에서 진행하고 있다. 현실에선 멋 부리고 나갈 곳이 없어 온종일 추리닝만 입고 있지만, 이곳에서는 명품 옷을 여러 벌 바꿔 입으며 패션을 뽐낼 수 있다.

언택트→뉴택트보다 중요한 건? 심리 방역!

코로나19가 길어지며 '코로나 블루'로 사람들의 마음건강에 적신호가 켜졌다. 코로나 블루란 '코로나19'와 우울증을 뜻하는 '블루'가 합쳐 만들어진 신조어다. 코로나 블루는 집에 머무는 시간이 길어지고 또 사회적 거리 두기가 강조되면서 주변인과의 관계가 단절돼 생기는 고립감, 소외감, 사회적 단절감 등에서 비롯되는데, 자극 없는 일상을 보내며 의욕이 감퇴하고 우울감을 느끼는 시간이 지속되는 것이다. 또 감염병 확산과 자발적 격리로 인해 사회 구성원들의 스트레스가 증가하면서 공공의 안전을 위협할 수 있는 타인의 '일탈'을 비난하는 강도가 높아졌다. 전문가는 이러한 상황이 비대면, 익명성으로 대표되는 온라인 공간의 특성과 맞물려 더욱 증폭될 수 있다고 진단했다. 온라인상에서는 평범한 상황에서도 감정과 표현이 격앙될 수 있다. 기존에도 악성댓글, 가짜뉴스 등 익명성으로 인한 부작용과 폐해가 존재했지만 감염병 확산이라는 재난 상황 속에서 외출, 외식 등 극히 일상적인 행위에도 더욱 날카롭고 극단적인 반응을 보이게 되는 것이다.

'포스트 코로나', 이제 심리 방역 힘써야 할 때

심리 방역이란 감염병의 확산과 관련해 발생한 마음의 고통을 예방하고 치료하기 위한 정신건강 서비스다. 사회적 거리 두기로 고립감과 우울감을 호소하는 사람들이 늘어나면서 일상에 활력을 불어넣을 수 있는 아이템들이 나오고 있다. 정신건강복지센터는 자가격리를 시작하는 확진환자와 접촉자들을 실질적으로 돕기 위해 컬러링북, 새싹 키우기, 간단한 운동기구, 심리 자가 진단을 위한 마음건강 안내서 등으로 구성된 심리지원 키트를 배포해 건강하게 자가격리를 할 수 있도록 돕고 있다. 또 휴관 중인 군·구의 사회복지관에서는 콩나물 재배 키트 전달, 소규모 야외 체조교실, 안부전화 등 코로나19 극복을 위한 프로그램을 운영해 이웃을 돌보고 있다. 여성 폭력 피해자 상담소도 시설은 휴관 중이지만 긴급한 보호와 조치가 이뤄져야하는 만큼 긴급전화 상담은 365일 24시간 유지하고 있다.

마음과 시간을 보내세요!: 명상앱

화창한 봄 날씨에도 외출을 하지 못하고 타인과 교류가 줄어 답답함과 우울함을 느끼는 코로나 블루를 겪는 이들이 증가하면서 명상앱이 주목받고 있다. 스트레스를 달래고 내면의 평화를 찾는 데 도움이 된다는 입소문이 퍼지며 이용자가 늘어나는 추세다.

혜민 스님이 만든 명상 앱 '코끼리'는 기본 명상, 스트레스 해소에 좋은 명상, 잠이 잘 오는 명상 등 여러 가지 카테고리로 분류된 오디오 콘텐츠를 제공한다. 콘텐츠는 혜민 스님을 비롯한 명상 전문가가 잔잔한 배경음악과 함께 '등을 바르게 한 상태에서 편안한 자세로 앉아라', '깊은 숨이 들어왔다 나가면서 어떤 느낌을 남기는지에 집중하라'와 같이 명상을 이끌어주는 말을 하는 방식으로 구성됐다.

국내 최대 명상 앱인 '마보'는 실용적이고 과학적인 명상을 지향하며 해당 분야 전문가들과 함께 콘텐츠를 개발하여, 명상

앱 최초로 소셜 기능을 도입해 명상 후 자신의 소감을 남기고 다른 사용자들과 공유하며 연결된 느낌을 받고 위로와 응원을 나눈다는 점이 다른 심리상담 앱과 다른 점이다. 마보는 서울의료원과의 협업으로 자가격리자들을 위한 명상 콘텐츠를 만들어 의료기관과 상담센터에 무료 배포하고, 카카오 같이가치의 마음챙김 플랫폼, 네이버 오디오 클립 등에서도 무료로 들을 수 있도록 하였다. 김종우 경희대 한의과대학 교수는 "우리가 갖는 불안감과 우울감은 과거에 대한 후회, 미래에 대한 걱정 등 현시점이 아닌 과거나 미래를 향한 생각이나 감정 때문"이라며 "집중명상과 통찰명상은 모두 마음이 과거나 미래로 향하지 않게 해서 불안을 조절하는 데 도움이 된다."고 말했다.

이불 밖은 위험해:
홈족의 증가

과거에는 집에만 있는 사람들을 '히키코모리'라 하며, 사회성이 부족한 사람들로 치부하고 부정적인 시선을 보냈다. 반면 지금의 집돌이, 집순이는 자기만의 휴식과 여유를 즐길 줄 아는 트렌디한 사람으로 비춰진다. MZ세대는 스스로를 홈족이라 여기고 슬기로운 홈족 생활을 누리고 싶어 한다. 성인남녀 5명 중 3명이 '나는 호모집쿠스다'라며 집에서 쉬는 게 진정한 휴식이라고 말한다.

'팬츠드렁크(Pantsdrunk)'라는 말이 있다. 이는 '어디에도 나가지 않고 집에서 가장 편안한 옷차림으로 혼자 술을 마신다', '현재의 순간을 온전히 즐기며 몸과 마음을 쉬게 한다'는 의미로, 핀란드 저널리스트 미스카 란타넨의 저서 《팬츠드렁크》에 나온 말이다. 2018년에 출간된 《팬츠드렁크》는 핀란드의 문화와 행복 비결을 담은 책으로, 과거 '집돌이, 집순이'가 사회에서 소외된 부정적 이미지였던 데 반해 팬츠드렁크에 투영된 홈족은 오히려 '트렌드 리더'로 제시된다. 저자는 가장 편안한 공간인 집에서 오로지 자기 자신에 집중할 수 있는 자발적 선택을 중시하며, 소소하고 확실한 행복으로서의 '홈 라이프'를 이야기했다.

'코로나 블루'에도 불구하고, MZ세대에게는 집 안에서 무궁무진한 하루가 시작된다. 집에서 모든 것을 해결하는 인도어 라이프는 코로나19로 갑자기 찾아온 일상이 아닌, 새 시대가 가져온 삶의 변화인 것이다.

집돌이, 집순이의 '분화': MZ세대는 집에서 논다

아직도 '홈족' 하면 은둔형 외톨이가 떠오른다면, 기성세대 혹은 '꼰대'라는 인증일 수 있다. 잡코리아와 알바몬에서 '홈족' 관련 설문조사를 실시한 결과, 40대 이상 응답자의 50.7%는 '홈족을 부정적으로 생각한다'고 답했다. 하지만 젊은 세대의 인식은 달랐다. 20대와 30대는 각각 82.4%, 79.7%가 '홈족을 긍정적으로 생각한다'고 응답했다. '스스로를 홈족이라 생각하는가'라는 질문에도 40대 이상 응답자의 경우 29.6%만이 스스로를 홈족이라 답했지만, 20대(68.5%)와 30대(62.0%)는 3명 중 2명이 스스로를 홈족이라고 생각했다.

이러한 현상은 MZ세대의 변화한 가치관과도 맞물려 있다. 시장조사 전문기업 엠브레인의 집의 의미에 대한 설문조사에 따르면, 50대는 집을 '가족' 그 자체로 연상하는 경우가 77.8%였으나, 20대는 57.2%에 그쳤다. 반면 집을 '나만의 공간'이라고 생각하는 시각은 20대에게 두드러졌다(20대 55%, 30대 45.4%, 40대 41.2%, 50대 46.6%).

난 이런 것도 집에서 한다?: 집콕 고수들의 특별한 라이프

어제가 오늘과 같고, 오늘이 어제와 같은 따분한 일상은 이제 그만. 아파트 베란다, 다용도실 등 창고로 쓰이던 공간을 활용해 답답함을 이겨내는 사람들이 늘고 있다. 집 안 공간을 새롭게 꾸미기는 쉽지 않지만 베란다는 용도를 바꾸기에 적합하기 때문이다. 온라인 커뮤니티, SNS 등에서 베란다를 텃밭, 카페, 와인바, 수영장 등으로 꾸민 사례를 어렵지 않게 찾아볼 수 있다.

반려견? 반려묘? 이제는 반려식물: 인도어 가든- 홈가드닝, 홈팜

인도어 가든은 실내정원을 가리키는 말이다. 최근에는 외부의 정원을 실내로 들여와 집안, 상업공간 등을 꾸미는 인테리어

◀ 포차로 변신한 베란다 풍경 (출처: @stop_hoon 인스타그램 캡처)
▶ 인스타그램 #베란다텃밭 인증샷 (출처: 인스타그램 캡처)

가 인기다. 코로나19 시대를 거치며 초보 '식물 집사'가 늘고 있다. 집에 있으며 자연의 생기를 느끼기에 식물만큼 좋은 것이 없어서다. 최근 방탄소년단의 지민도 자그마한 다육이(다육식물) 화분 사진을 트위터에 올리며 "생명과 같이 지내면 크든 작든 좋은 변화가 생긴다."며 '식물 집사' 입문을 신고했다.

유치원생 자녀를 둔 K씨도 매일 '오늘은 아이와 뭘 하며 지낼까'를 고민하다 방울토마토를 심어 키우고 있다. K씨는 "싹이 나고 열매가 열리는 걸 보면서 아이가 너무 좋아한다. 방울토마토를 따 먹을 수도 있고, 아이의 정서적 안정과 힐링에도 도움을 주는 것 같다."며 "집에 있는 시간이 길어져 거실에 꽃 화분도 사서 가꾸고 있는데 답답한 마음을 한결 달래줘 만족도가 높다."고

했다.

또한, 베란다를 텃밭으로 활용하는 사람도 늘고 있다. 베란다 공간에 대한 관심이 늘면서 블로그, 유튜브 등 온라인상에서 베란다 꾸미기 팁을 주고받는 경우도 많다. 온라인 맘카페에서는 '베란다 텃밭에서 고수(향채)를 키우고 싶은데 도와 달라', '베란다에 홈 카페를 만들고 싶은데 바닥재를 추천해 달라' 등의 글이 심심치 않게 올라온다. 비용을 크게 들이지 않고 셀프로 베란다를 꾸미는 방법을 알려주는 영상도 많이 올라와 있다.

베란다 공간의 다양한 활용법이 주목받으며 1, 2인 가구도 테라스가 있는 집을 선호하는 경우 또한 증가하고 있다.

우리 집에 나래바가?: 취향 저격, 홈포차

추억과 낭만, 포장마차에 녹아든 따스함이 집 안으로 들어왔다. 개그우먼 박나래의 '나래바'를 시작으로 집에서 술을 즐길 수 있는 '홈바'가 유행이다. 더 나아가 베란다를 포차처럼 꾸며 술을 마실 수 있는 곳으로 탈바꿈시킨 '홈포차', '베란다 포차'가 최근 각종 SNS에서 입소문을 타고 있다. 예전의 베란다는 주로 처리하기 어려운 물건들을 넣어두는 곳으로 이용하였지만, '술 디스펜서', '포차 느낌의 메뉴판', '미니 냉장고', '각종 술잔' 등 가구와 소품으로 베란다 공간을 꾸미면 근사한 포차로 변신한다. 베란다 포차의 장점은 편리하고, 경제적이라는 점이다. 일반 주점과 달리 언제 어디서나 가장 편한 복장으로 즐길 수 있다.

강원 강릉시에 사는 30대 초반의 Y씨는 최근 이사한 집 베란다를 홈바로 꾸몄다. 평소 좋아하는 위스키와 와인을 집 안에서 편히 즐기기 위해서다. 술집 느낌을 제대로 내기 위해서 베란다 벽면을 남색 페인트로 칠하고 진열장 등 가구와 조명을 배치했다. 바를 꾸미는 데 든 비용은 300만~400만 원 선이다. Y씨는 "주변 친구들도 베란다를 아기자기하게 꾸며 카페 등으로 활용하는 경우가 많다."며 "부엌에서 술을 마시면 느낌이 나지 않지만 베란다는 문을 열어야 나타나는 별도 공간이라 좀 더 색다른 느낌이 있다."고 말했다.

우리 집에 바리스타가 찾아왔다: 홈카페

카페에서 마시던 음료를 집에서 직접 만들어 SNS에 올리고 공유하는 홈카페 트렌드가 주목받고 있다. 집에서도 카페 못지않은 티타임을 즐길 수 있다. 그 중 대표적인 달고나 커피는 KBS2 예능 프로그램 '편스토랑'에 방송되며 인기를 끌었고, 방송 이후 유튜버, 인플루언서의 리뷰를 통해 확산됐다. 뉴욕타임즈에도 해당 레시피가 소개되며, 집에서 대부분의 시간을 보내는 소비자들의 킬링타임용 홈카페 메뉴로 주목받았다. 달고나 커피를 필두로 홈카페 관련 시장이 성장하면서 관련 업계에서도 다양한 신제품들을 선보이고 있으며, SNS를 통해 이색 디저트를 만드는 방법이 확산되면서, 디저트에 대한 관심도 높아지고 있다.

▲ 거실에 꾸민 나만의 홈캠핑 (출처: 우유반장 블로그 제공)

나가? 말어!: 홈캠핑(Home+Camping)

코로나19 사태로 생활 속 거리 두기 체계가 지속되면서 여럿이서 즐기던 야외 레저 활동이 줄고 있다. 캠핑 시즌이 다가오는 가운데 먼 야외로 나가기보다 집 베란다나 옥상, 거실 등에서 가볍게 '방구석 캠핑' 또는 '홈캠핑'을 즐기는 이들이 늘어나고 있다. 최근 인스타그램 등 각종 SNS에는 '홈캠핑'을 해시태그(#)한 게시물들이 인기를 끌고 있다. 코로나19 영향으로 베란다와 집 앞마당 등에서 가볍게 캠핑을 즐기는 '홈캠핑족'이 늘면서 나타난 현상이다.

홈캠핑은 프라이빗한 여가 생활을 추구하는 이들로부터 확장됐다. 초대된 사람만 모이거나 혹은 혼자 아기자기한 캠핑을 즐기는 것이다. 먼 캠핑장을 가기 위해 아침부터 출발하려고 아등바등하던 시간도 절약된다. 주말 밤을 이용해 여유 있게 놀기 원하는 이들에게 인기다. 캠핑장에서 다른 사람들과 장비 경쟁하는 스트레스도 줄어든다. 무엇보다 홈캠핑에선 정해진 위치가 없다. 거실, 베란다, 옥상, 마당 등 어디서든 가능하다. 캠핑 관련 블로그를 운영 중인 파워블로거 Y씨는 최근 거실을 캠핑장처럼 꾸몄다. 소파와 테이블을 치운 자리에 텐트와 캠핑용 테이블, 간이 의자 등을 설치했다. '화롱점정', 랜턴으로 고즈넉한 분위기를 더했다. 유씨는 "토요일에도 업무를 하게 됐을 때 오후에 퇴근하면 스트레스 해소를 위해 홈캠핑을 하곤 한다."며 "잔잔한 음악을 들으며 와이프와 이런저런 이야기를 하다 보면 캠핑장에서만큼 힐링이 된다."고 했다. 이어 "외부 날씨에 영향받지 않고 캠핑을 즐길 수 있고 캠핑용품 설치와 철수도 야외에서보다 훨씬 쉽다. 매너타임에 조용히 해야 하는 일반 캠핑장과 같은 제약이 없다는 것도 장점이다."라고 덧붙였다.

집의 무한한 변신: 공간, 놀이, 연결로서의 집

기성세대에게 집은 하나의 투자가치이다. 하지만 밀레니얼들에게 집은 어떻게 활용하는지가 더 중요하다. MZ세대에게 집은 투자가치가 아닌 활용가치인 것이다. 집이라는 공간이 오롯이 '나'다워질 수 있는 공간이자 위로받는 공간으로서 활용할 수 있느냐가 더 중요하다. 단순한 휴식공간에서 다양한 활동을 할 수 있는 무한한 가능성을 지닌 공간으로 집이 재탄생하고 있다.

밀레니얼의 취미로 손꼽히는 것 중 하나는 인테리어, 즉 집 꾸미기다. 집을 자신의 취향, 성격, 라이프 스타일 등에 맞게 꾸미는 사람들이 증가하면서, 집 구하기, 집 꾸미기 관련 프로그램, 앱 등이 증가하는 추세다.

소유가 아닌 누리는 공간으로서의 집

'집'은 잠자는 공간, 가족을 위한 공간, 쉼터 등 여러 의미를 내포하고 있다. 하지만 세대에 따라 집에 대한 해석도 다르다. '소유'보다는 '공유'의 가치를 추구하는 밀레니얼의 특성은 집을 구하는 과정에서도 그대로 드러난다. 밀레니얼은 더 이상 내 집 마련의 꿈을 꾸지 않는 세대다. 끝없이 상승하는 집값으로 인해 내 집 마련이 매우 어렵고 내 집 소유에 대한 전망이 불투명해지면서, '내 집을 마련할 때까지 기다렸다간 아주 긴 시간 동안 내 취향에 맞는 집에서 살지 못할 수도 있다'는 우려에 내 집 마련에 쓸 돈과 시간을 차라리 나를 위한 투자 그리고 인테리어에 사용한다. 기성세대는 내 집을 장만할 수 있다는 기대가 있었기 때문에 굳이 셋집을 꾸미지 않았지만, 달라진 부동산 현실에 밀레니얼들은 '미래에 내가 소유할 집'보다 '지금 내가 살고 있는 집'에 초점을 맞추어 집을 본인의 취향대로 꾸미는 것을 즐기기 시작했다.

홈카페, 홈트레이닝, 홈쿠킹 등의 트렌드만 보아도 알 수 있듯 집이 카페가 되기도, 헬스장이 되기도, 때로는 레스토랑이 되기도 한다. 밀레니얼에게 집은 내가 원하는 것을 할 수 있고, 심리적 안정감을 느낄 수 있는 멀티공간이다. 그래서인지 자취방, 원룸이라 하더라도 온전히 자신의 휴식과 여가를 즐길 수 있는 공간으로 새롭게 인테리어하는 것이 유행이다.

집 꾸미기는 여러 가지 장점이 있다. 비용이 큰 리모델링 대비 상대적으로 저렴하게 몇 가지 소품만으로 집의 분위기를 변신시킬 수 있다. 그리고 언제든지 본인의 취향대로 다시 바꿀 수 있기 때문에, 이러한 부분이 '소확행'과 '가심비'를 중시하는 밀레니얼과 잘 맞아떨어진 것이다. 정글같은 현실에 치이고 집에 돌아왔을 때 나의 스타일로 꾸며진 집에 위안을 얻기도 하고, 내 집을 마련할 수 없다는 경제적 스트레스를 집을 꾸미면서 해소할 수 있다.

또한 밀레니얼은 자기의 취향을 드러내는 데 거리낌이 없기 때문에 본인의 집 인테리어를 공유하는 것도 하나의 트렌드가 되고 있다. 집을 어떻게 꾸몄느냐가 곧 나는 어떤 스타일의 사람이라는 것을 보여주는 것이 되었고, 인테리어 정보를 서로 공유하며 새로운 문화를 만들어 내고 있다. SNS에서는 #자취방인테리어, #집꾸미기, #집스타그램 등의 해시태그를 걸고 자신의 개성과 취향으로 꾸민 자신의 공간을 '온라인 집들이'의 형태로 드러낸다. 유튜브에서도 온라인 집들이와 룸 투어는 인기 콘텐츠다.

▲ 10년 차 자취생의 원룸 랜선 집들이 (출처: 오늘의집, 반아115님)

나의 취향과 라이프 스타일에 맞게 집을 추천해주세요

MBC 예능프로그램 '구해줘 홈즈'는 의뢰인의 요구사항에 맞는 집을 연예인들이 발품 팔아 찾아주는 프로그램으로, 개인 자산에 맞는 집뿐만 아니라 의뢰인의 취향과 라이프 스타일을 고려하여 다양한 집을 보여주고 의뢰인이 선택하는 방식이다. 보증금, 관리비, 위치, 인테리어 등 상세한 옵션까지 알려줘 시청자가 함께 집을 분석할 수 있는 재미를 선사하고 있다.

'인테리어를 새로 해볼까' 하고 마음먹은 사람이라면 누구나 다운받는 앱이 있다. 누적 다운로드 수 1,000만 건을 넘어선 버킷플레이스의 '오늘의집'으로, 스스로 꾸민 집 곳곳을 자랑할 수 있고, 마음에 드는 사진 속 소품과 가구를 클릭하면 바로 구매할 수 있는 플랫폼이다. 오늘의집에서는 원하는 스타일의 인테리어 콘텐츠를 다양하게 찾아보고 인테리어에 활용된 제품정보 태그를 통해 구매까지 원스톱으로 가능하다. 월간 방문자 수가 500만 명이 훌쩍 넘고, 사용자들의 올려준 인테리어 사례가 310만 건에 달한다.

유튜브 인테리어 채널도 인기다. 그중 '나르의 인테리어'는 1인 가구를 위한 인테리어 채널이다. 원룸이나 투룸 위주로 인테리어 관련 팁을 제공하는 그녀의 채널은 셀프 인테리어와 가구 활용법 등을 주요 콘텐츠로 삼는다. 특히 '30만 원으로 꾸미는 셀프 인테리어' 등 저렴한 가격으로 인테리어를 진행하거나 이케아에서 살 수 있는 1만 원 이하의 아이템 등을 소개해 생활비 부담을 느끼는 1인 가구도 비교적 마음 편히 인테리어에 도전할 수 있게끔 했다. 또한 인테리어 아이템을 직접 만들거나 DIY 하는 영상도 게시하여 지갑이 얇은 1인 가구에게 폭 넓은 인테리어 방식을 제공하기도 한다. 특히 시뮬레이션 게임 '심즈'를 활용한 인테리어 영상도 눈에 띈다. 유튜브 시청자들의 원룸 모습을 게임 내에서 똑같이 재해석하며 인테리어에 대한 팁을 남겨 보는 재미와 인테리어 지식을 한 번에 얻을 수 있게 하였다.

놀면 뭐하니?:
놀이 공간으로서의 집

MBC 예능 '나 혼자 산다'에서 혼자 사는 연예인들이 집에서 하는 활동들이 방영될 때마다 관련 물품들이 완판되는 등 화제를 불러일으키고 있다. 또 코로나19로 인해 #집콕챌린지, #스테이앳홈챌린지 등 사회적 거리두기를 적극적으로 즐기며 집을 놀이 공간으로 활용하고 있다.

베개로 벗은 몸을 가린 후 다양한 패션 소품들로 코디하는, 일명 '베개 챌린지' 놀이가 트위터와 인스타그램 같은 SNS를 타고 번지고 있다. '집콕족'들이 가장 많이 애용하는 생활소품인 베개가 외출하고 싶은 '욕망'을 만난 것이다. 이 놀이를 위해서는 베개에 벨트 하나만 있으면 된다. 베개 위 허리 위치에 벨트를 차서 마치 미니 드레스처럼 착시 효과를 주었다.

배우 경수진은 MBC 예능 프로그램 '나 혼자 산다'를 통해 혼라이프를 즐기는 모습을 보여주었다. 테라스에서 캠핑을 하는가 하면 일명 '불멍'을 적은 돈으로 즐길 수 있는 방법을 소개하고, 우드카빙(woodcarving, 나무를 깎아 도마 등 실생활에 필요한 용품을 만드는 행위)으로 자신의 수저와 버터나이프를 만드는 등 집에서 즐기는 취미생활의 정수를 보여주어 많은 시청자들의 관심을 샀다.

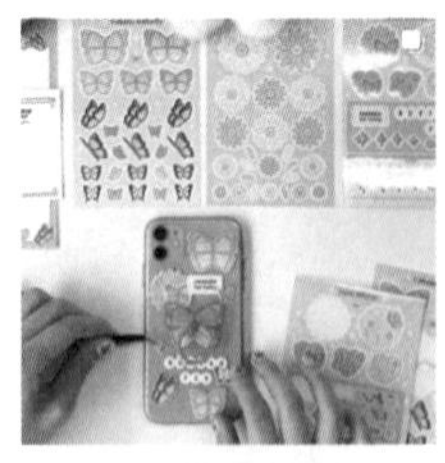

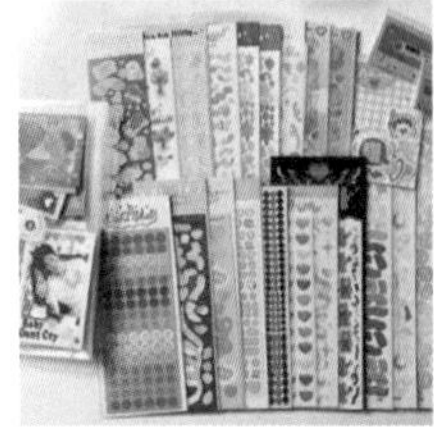

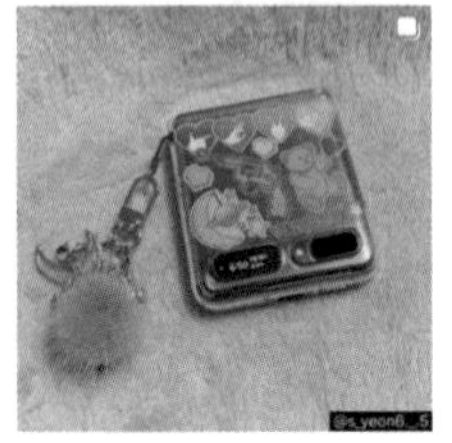

▲ 덕력 어필에 좋은 폴꾸와 폰꾸 (출처: 인스타그램 '폴꾸', '폰꾸' 검색 결과 캡처)

혼자서도 잘 놀아요: 홈테인먼트

홈테인먼트는 '집(Home)'과 즐거움, 오락 등을 뜻하는 '엔터테인먼트(Entertainment)'의 합성어로 외부 활동을 최소화한 채, 집에서 여가 시간을 보내고 즐기는 트렌드가 반영된 단어다. 그중에서도 가장 성장세가 두드러지는 카테고리는 '토이쿠키'와 같이 직접 체험하고 만들어 먹을 수 있는 '홈쿠킹'이다. 가족 모두 집에 있는 시간이 길어지면서 함께 만드는 재미를 느낄 수 있고 간편하게 조리할 수 있는 간식 상품을 선호하는 고객이 늘었기 때문이다. 실을 활용한 스킬자수와 스티커로 그림을 완성하는 스티커

아트도 인기다.

MZ세대는 혼자서도 놀거리를 잘 찾는다. 2020년 1분기 가장 인기 있는 취미 생활 베스트 5는 '폰꾸', '다꾸', '폴꾸', '인스', '스꾸'이다. 그중 가장 인기 있는 것은 폰꾸와 다꾸다.

폰꾸는 휴대폰 꾸미기를 뜻하는 단어로 스티커, 비즈, 연예인 사진 등을 휴대폰 투명 케이스에 붙여 마음대로 커스텀하는 것이 인기다. 이 '폰꾸 열풍'에 불을 지핀 폰꾸 홀릭 스타 가운데 블랙핑크 제니가 있다. 제니는 직접 폰꾸 실력을 뽐내며 금손임을 증명한 바 있다. 휴대폰이 항상 가지고 다니는 생활 필수품인 만큼 언제 어디서나 자신의 개성을 표현할 수 있어 인기다.

폴꾸는 폴라로이드 꾸미기를 의미한다. 폴라로이드 사진에 글씨를 쓰거나 스티커를 붙여 장식한 뒤 다이어리에 보관하는 등 다양하게 활용할 수 있다. 최근 아이돌 팬들 사이에서 유행하면서 새로운 덕질 문화로 각광 받고 있다. 자신이 좋아하는 연예인의 사진을 골라서 인쇄하고 이를 취향에 맞게 스티커를 붙여 꾸미는 과정에서 자신의 개성을 표현할 수 있다는 점이 인기 요인이다.

집에서도 배울 수 있어요: 집콕 취미생활

집에서 할 수 있는 취미 활동 또한 다양한 형태로 발전하고 있다. 십자수, 위빙, 피포 페인팅(pipo painting, 분할된 그림에 맞는 색을 칠하는 행위) 등 집에서 혼자 할 수 있는 것들이 인기다.

특히 그림 그리기는 빼놓을 수 없는 대표적인 취미생활이다. 이제는 집에서도 혼자 전문적인 그림을 그릴 수 있다. 바로 '피포 페인팅' 덕분이다. '명화 따라 그리기'라고도 불리는 피포 페인팅은 유명한 명화나 캐릭터 도안을 따라 색칠할 수 있게 제작된 상품이다. 피포 페인팅의 장점은 그림을 잘 그리지 못하는 사람도 쉽게 따라 그릴 수 있다는 것이다. 피포 페인팅의 도안에는 숫자가 적혀 있어, 숫자에 해당하는 색을 따라 칠하기만 하면 간단하게 작품을 완성할 수 있다. 가격도 저렴하고 쉽게 따라 할 수 있는 피포 페인팅은 많은 홈족에게 선택받고 있다. 심심함을 달래기 위해 피포 페인팅을 시작한 P씨는 "피포 페인팅을 시작하기 전에는 '내가 그림을 잘 못 그리는데 과연 완성할 수 있을까' 걱정했다. 하지만 생각보다 너무 쉽고 재미있어 일주일 만에 완성했다. 내가 그렸다고 믿을 수 없을 만큼 멋진 완성품이 나와서 놀랍고 또 매우 만족스럽다."고 전했다.

또한, '악기 연주'를 통해 자신만의 정서적 안정을 찾기도 한다. J씨는 코로나 때문에 밖에 돌아다니지 못하고 몸과 마음이 축

늘어져 기타 연주를 시작했다. J씨는 "처음에는 운지를 하는데 손이 너무 아파서 힘들었지만, 날이 지나고 계속 연습을 하다 보니 점점 익숙해져 기타를 치면서 손과 마음이 더 단단해질 수 있었다."고 말했다.

혼자 있어도 외롭지 않아: 관계, 연결로의 집

사람들은 이제 집에서 혼자 외롭게 보내는 것이 아니라 집에서도 다양한 형태의 관계를 맺고 다양한 사람들과 생활과 문화를 공유한다. 최근 독립된 공간에서 일상생활을 즐기는 1인 가구가 증가하면서 다양한 거주 형태가 등장하고 있다. 기존에 있던 고시원이나 하숙 외에도 여러 명이 한 집을 공유하는 셰어하우스나 거주와 업무를 겸하는 오피스텔은 이제 주위에서 쉽게 찾아볼 수 있다. 주거 분야 스타트업 '동거동락'은 현재 총 30개 지점에서 1인 가구를 위한 셰어하우스를 운영 중이며, 올 상반기 기준 평균 공실률 5% 이하를 유지할 정도로 인기가 높다.

보다 합리적인 비용으로 더 나은 주거환경에서 살기 위해 일부 공간만을 공유하는 경우도 있다. 새로운 주거 트렌드는 코리빙 하우스다. '코리빙(co-living)'은 '함께(cooperative) 산다 (living)'는 의미가 담긴 주거 형태로 1인 가구의 증가와 주거비 상승이 맞물려 나타난 공유 경제 라이프 스타일 중 하나다. 도심 생활을 즐기고 싶지만 비싼 집세로 인해 고민인 1인 가구를 위해 '따로 또 같이' 사는 공유 주택으로, 자신만의 공간에서 사생활을 누리는 동시에 공용 공간에서는 다른 사람들과 함께 생활과 문화를 공유하며 커뮤니티를 형성해나갈 수 있는 장점이 있다.

셰어하우스가 단순히 거실과 주방 등을 공유했다면, 코리빙 하우스는 야외 정원과 헬스장, 서재, 업무 공간 등 입주자에게 다양한 서비스를 제공하는 것이 특징이다. 청소 등 가사 서비스는 매월 일정액만 내면 이용이 가능하다. 개인 공간을 분리해 프라이버시를 지켜주는 것이 셰어하우스와 차별화된 점이다. 한 주택 임대업계 관계자는 "기존 공유주택이 가구와 가전, 개인 및 공용 공간을 갖췄다면, 구독경제 주택은 청소, 조식 등 가사까지 대체하는 주거 서비스를 이용할 수 있다는 점에서 차이가 있다."고 말했다.

통계청의 인구 총 조사에 의하면 3가구 중 1가구는 혼자 사는 1인 가구라고 한다. 최근 1인 가구의 35%가 2030세대인 만큼 밀레니얼을 중심으로 한 새로운 주거 형태가 각광받고 있다. 커먼타운 크리에이티브 이재상 디렉터는 "이제 공간은 소유가 아니라 소비 혹은 공유하는 개념으로 접근해야 한다."고 말했다. 또 "부동산 가격 상승으로 '내 집 마련'의 진입 장벽이 높아진 만큼 소유하기보다는 소비하고자 하는 접근이 점차 늘어날 것이라 예

▲ 선정릉에 위치한 '라이프온투게더' 내부 (위에서부터) 땡스북스가 큐레이션한 책으로 꾸며진 라운지, 무인 편의점, 자유롭게 사용가능한 피트니스 센터(출처: 패스트파이브 제공)

상한다."고 전했다.

치솟는 집값과 불안정한 고용 등에 따라 현재를 즐긴다는 심리가 혼족을 위한 스타트업 창업에 큰 영향을 미치고 있다는 분석도 있다. 혼족의 커뮤니티 플랫폼을 제공하는 '혼족의 제왕'은 출시 4개월 만에 앱 다운로드 4만 건을 기록하는 등 인기를 끌고 있다. 혼족의 제왕 정단비 대표는 "결혼여부나 1인 가구에 상관없이 혼자 활동 즐기는 사람들을 대상으로 적극적인 커뮤니티를 만들어 나갈 것"이라며 "1인 경제 시장 전망도 밝아 1단계로 회원 20만 명을 유치하는 게 목표"라고 말했다. 1인 가구와 밀레니얼을 위한 모임 플랫폼 '2교시'의 박종은 대표는 "과거엔 돈을 벌고 저축해 집을 마련한다는 생각이 많았다. 하지만 회원들 대다수인 혼족들과 밀레니얼들을 만나보면 저축보다 현재의 경험을 중시하는 세태가 더 커진 것 같다."고 설명했다.

나는 집에서 다 한다: 호모집쿠스

집에서 모든 것을 해결하는 호모집쿠스의 선택을 받기 위해서는 상품에 GPS 기능을 탑재해야 한다. 여기서 말하는 GPS는 고도의 간편성(Great convenience), 실용성(Practicality), 세분화(Subdivide)를 의미한다.

첫째, 고도의 간편성, 즉 가성비가 아닌 시성비를 따진다. 집에서 할 일은 너무나 많다. 호모집쿠스에게 집에서의 시간은 금과 같다. 집에서의 여가시간을 지키며, 장시간의 가치를 제공하는 이른바 시성비 제품들을 제공하여야 한다. 둘째, 실용성은 최근 젊은 층의 소비 트렌드다. 소유보다는 필요에 의해 한시적으로 선택하는 실용적 소비를 더 중요하게 여긴다. 따라서 실용적인 제품이어야 한다. 셋째, 개개인의 라이프 스타일에 맞게 제품을 세분화하여 개인의 기호에 맞는 상품을 제공해야 한다. 특히 집은 개인의 개성과 취향이 고스란히 담기는 공간이다. 밀레니얼은 자신의 라이프 스타일에 꼭 맞는 집을 선호한다.

Great convenience:
고도의 간편성

가사일은 해도 해도 끝이 없고, 티나지 않는다. 호모집쿠스는 집에서 '일'이 아니라 '즐기길' 원한다. 따라서 기업들은 호모집쿠스의 집안일 부담을 덜어주고, 보다 더 자신의 라이프에 집중하도록 시간적 여유를 제공할 수 있는 제품과 서비스를 선보이고 있다.

복잡한 과정은 NO! 집에서는 뭐든 쉽고 간편하게

간편 홈케어 제품이 인기다. 대표적으로는 의류 관리기 LG 스타일러와 삼성에어드레서, 홈 뷰티 디바이스 삼성셀리턴과 LG 프라엘을 꼽을 수 있다. 2020년 1분기 삼성에어드레서 판매량은 전년 대비 60%가량 증가했고, LG전자의 스타일러도 2월 판매량이 전년 대비 30% 증가한 것으로 나타났다.

의류 관리기는 외출 시 입었던 옷의 먼지나 냄새를 제거해주며 세탁의 번거로움을 줄여줌으로써 '세컨드 가전'에서 '필수 가전'으로 전환되었다. 삼성과 LG가 출시한 LED마스크는 집에서 단 20분, 집안일을 하면서 피부 관리를 할 수 있는 뷰티 관리기기로 꾸준히 매출이 증가하고 있다. LG경제연구원에 따르면, 2013년 800억 원 규모였던 뷰티 디바이스 시장은 매년 10% 이상 성장해왔으며, 이 같은 추세는 계속 이어져 2022년에는 1조 6,000억 원까지 확대될 것으로 예상된다고 전했다.

무엇이든, 클릭 한 번이면 우리 집으로! 라이브커머스

'라이브 스트리밍(live streaming)'과 '전자상거래(e-commerce)'의 합성어인 '라이브 커머스'는 TV 홈쇼핑처럼 모바일 앱을 통하여 생방송으로 상품을 소개, 판매하는 것이다. 롯데백화점은 2019년 12월부터 매장에서 제품을 직접 소개하고 판매하는 라이브 커머스 채널 '100LIVE'를 오픈하고, 온라인 쇼핑몰인 '엘롯데'를 통해 일 1회씩 방송하고 있다. 지난 3월 라이브쇼핑 누적 시청수는 1만 8,000회로 3개월 전보다 5배나 늘어난 수치다. 네이버쇼핑은 오프라인 매장 상품을 실시간 라이브 영상으로 소개하는 '라이브 커머스 툴' 기능을 도입했다. 지난 4월초 롯데아울렛 파주점은 이를 통해 아디다스 창고 털기를 진행해 4만 6,000뷰를 돌파했고, 하루 2억 4,000만 원어치 상품을 판매했다.

라이브 커머스는 TV홈쇼핑과 비슷해 보이나 방송시간 및 심의준수로 제품 홍보에 한계가 있는 홈쇼핑과 달리 판매자와 실시간으로 소통할 수 있고, 자신에게 맞는 실제 스타일과 정보를 구체적으로 확인할 수 있다는 점에서 만족도가 더 높다.

Practicality:
실용성

밀레니얼은 소유보다는 필요에 의해 한시적으로 선택하는 실용적 소비를 더 중요하게 여긴다. 또한 기성세대는 크고 튼튼한 것들을 찾았다면, 작고 가벼우면서 실용적인 미니멀리즘 문화가 밀레니얼을 중심으로 확산되고 있다.

뭐하러 사? 필요할 때 빌리면 되는데

호모집쿠스를 위한 렌탈 서비스 시장이 확대되고 있다.

최근 소비 트렌드가 소유에서 공유로 옮겨가면서 국내 렌탈 시장이 급성장 중이다. 정수기, TV, 냉장고, 세탁기, 식기세척기, 전자레인지 등에 이어 안마의자, 매트리스 등의 제품도 렌탈 서비스로 이용할 수 있으며, 최근 렌탈업체들은 제품 대여 기간 동안 관리를 해주는 서비스도 함께 선보이고 있다. 대여비만 내고 물건을 이용하면 별도의 관리비를 들이지 않아도 되는 것이다. KT경제경영연구소에 따르면 국내 렌탈 시장 규모는 10년 사이에 8배 성장했으며, 2006년엔 3조 원이었던 렌탈 시장이 2016년에 25조 9,000억 원 규모로 커졌다. 이같은 렌탈 시장의 성장세는 2020년엔 40조 원에 육박할 것으로 예상된다고 한다.

집에서 혼자서 즐기기에 딱! 작고 가볍고 실용성 갑인 제품들

일상생활의 최소한의 물건만 두고 살아가는 '미니멀 라이프(minimal life)'는 좁은 공간을 살아가는 1인 가구의 필수 소비 트렌드다. 이들은 편리함과 수납, 활용도 등을 중시하기 때문에, 생활용품, 가구, 식기류 등을 구매할 때 작은 크기의 제품을 선호한다. 유통가에서는 '미니화' 전략이 이러한 소비 유형과 맞아떨어지면서 새로운 성장동력으로 작용하고 있다.

이마트의 일렉트로마트도 혼족을 겨냥한 미니멀 상품을 출시했다. 일렉트로맨의 혼족 주방가전은 혼자서 요리하는 1인 가구에 적합한 맞춤형 성능과 컴팩트한 디자인을 지닌 것이 특징이며 2018년 7월, 7종의 상품으로 시작해 2020년 2월 상품 가짓수가 20종으로 늘어났다. 이마트의 가전제품 PB 브랜드인 일렉트로맨은 지난해 혼족 가전 상품군의 매출이 전년 대비 151.6% 증가했다고 밝혔다. 일렉트로맨의 혼족 가전은 처음에는 주방가전으로 시작했지만, 매출 증대에 힘입어 현재는 미니 건조기 등 생활가전에까지 영역을 확대했다. 같은 기간 용량 124L 미만의 중소형 냉장고 판매도 4배로 뛰었고, 2~3인용 소형 밥솥 매출 역시 49.2% 증가했다.

Subdivide:
세분화

밀레니얼은 자신에게 의미있고 가치 있는 일에 소비하는 것을 주저하지 않는다. 하지만 그 의미와 가치는 너무도 다양하다. 다양한 니즈에 맞게 기업은 소비자가 원하는 라이프 스타일이 무엇인지 세밀하게 파악하여 세분화한 제품과 마케팅을 제공하고 있다.

이베이코리아가 출시한 모바일 전용 쇼핑 앱인 'it9'는 AR(증강현실)을 활용한 가구배치 어플리케이션이다. it9는 실제 공간을 스마트폰 후면 카메라로 비춰보며 가구를 가상으로 배치하거나, 전면 카메라를 통해 선글라스를 가상으로 착용해볼 수 있는 'AR 뷰어' 앱이다. it9에서는 원하는 쇼룸을 선택하면 테마에 해당 제품들을 오프라인 스토어에서 직접 둘러보고 쇼핑하는 듯한 경험을 할 수 있다. 제품 구매를 원할 경우 해당 버튼을 누르면 G9 모바일 웹사이트나 앱으로 바로 연결된다. 자신의 취향을 반영하는 작고 소중한 나만의 공간 인테리어를 경험할 수 있다.

호모집쿠스에게 브랜딩하기 1:
나이키

스포츠 브랜드로 굳건히 입지를 지켜온 나이키도, 가구공룡으로 불리는 이케아도 변화하는 소비자에 맞춰 재빠르게 실험하며 몸통 전체를 바꾸고 있다. 작은 기업이든 큰 기업이든 지속적인 혁신이 필요하고 가장 민첩한 회사만이 살아남는 법이다.

홈족을 위한 플랫폼 서비스

나이키는 서로를 위한 거리가 필요한 시기에도 모든 이들이 디지털상으로 서로 연결돼 신체적 건강과 웰빙을 추구할 수 있도록 운동과 관련한 다양한 디지털 도구와 콘텐츠를 제공하고 있다. 주된 디지털 허브인 나이키 닷컴(Nike.com)은 물론, 나이키 트레이닝 클럽(NTC)과 나이키 런 클럽(NRC) 등 나이키 액티비티 애플리케이션을 통해 새로운 형태의 가상 운동 수업들과 오디오 가이드가 접목된 러닝 활동, 코칭 및 동기 부여를 위한 방법, 영양 및 트레이닝 팁 등 운동에 필요한 세부적인 정보를 접할 수 있다. 특히 NTC 앱은 운동기구 없이도 할 수 있는 근력 운동과 요가 클래스, 특정 근육 타깃 트레이닝 프로그램과 기구를 활용한 근력 운동 등 다양한 이용자 맞춤형 영상 콘텐츠를 제공하고 있다.

'우리의 힘을 믿어' 캠페인 진행

나이키는 오늘날 힘든 상황 속에서도 전 세계 운동선수들을 포함한 모든 이들이 일상에서 건강을 유지하며 계속해서 운동할 수 있도록 독려하고, 디지털 환경을 통해 스포츠 활동을 이어갈 수 있도록 '우리의 힘을 믿어' 활동을 전개하고 있다. 가장 어려운 시기에도 연대와 영감의 원천은 스포츠로부터 나온다는 것을 자신의 커리어를 통해 보여준 쇼트트랙 심석희 선수가 대표주자로 참여했으며, 이어 한국 축구의 에이스로 떠오른 이동준 선수와 여자 프로축구 최유리 선수, 10대 스케이트 보드 국가대표 조현주 선수, 탁구 신동 신유빈 선수, 테니스 이덕희 선수, 원밀리언 댄스 스튜디오 소속 댄서 조아라와 청각장애를 딛고 브레이킹 댄서 국가대표로 활동하는 김예리 선수, 배우 이청아, 뮤지션 더콰이엇과 크러쉬 등 스포츠를 매일의 일상으로 즐기는 다양한 분야의 운동선수들과 인플루언서들도 대거 참여했다.

호모집쿠스에게 브랜딩하기 2: 이케아

'홈패션' 시장으로 불리던 마켓이 '인도어 라이프(indoor life)'로 업그레이드되며 홈 패브릭 등 리빙제품뿐 아니라 키친웨어와 보디케어까지 그 범위를 확장하고 있다. '침장'이 아닌 '인도어 라이프'로 진화한 것은 무엇보다 '소비자'의 일상생활이 변하면서 '생활자'로 변신했기 때문이다.

이케아는 오프라인 대규모 매장이 중심이었던 비즈니스 모델에서 '이커머스 플랫폼 비즈니스 모델'로 전환했다. 거주지를 자주 옮기고 집을 꾸미고 싶어하지만, 매번 새로운 가구를 구매할 여력이 없는 밀레니얼을 겨냥하여 가구 렌탈 사업을 시작했다. 또한, 이케아는 '가치소비'를 중시하는 밀레니얼을 고려해, '오래 쓰긴 힘들어도 한 번 쓰기에는 최고의 실용가구'라는 기존 전략을 완전히 뒤집어 '지속가능한' 이케아 기업을 만들어가기 위해 '리사이클 모델'로 전략을 바꾸겠다고 선언했다.

가구 렌탈 사업을 제품개발에도 활용

이케아는 현재까지 스위스, 스웨덴, 네덜란드와 폴란드 등 4개국에서 대여 실험을 했다. 네덜란드에서는 현지 주택 관련 업체들과 협력해 학생들을 대상으로 월 30유로(약 4만 원)에 침대, 책상, 식탁, 의자가 포함된 패키지를 제공했으며, 스위스에서는 중소기업에 사무용 가구를 대여했다. 이케아의 렌탈 사업은, 정해진 기간 동안 고객이 가구를 임대하고 임대 기간이 끝나면 아케아가 가구 재활용을 위해 제품을 수선하는 리퍼비시(refurbish) 과정을 거쳐 다른 고객에게 다시 임대하는 형식이다. 대여 기간이 끝난 후 회수한 제품은 수리해서 다시 대여하거나 전시용품으로 사용하며, 회수할 때는 가구의 약한 부분과 불편한 점 등에 대한

데이터를 모아 더 나은 제품으로 개선하는 데 활용한다. 이케아 측은 "회사가 고객으로부터 렌탈 제품을 돌려받으면 제품의 어디가 쉽게 닳고 고장이 잦은지 더 깊이 이해할 수 있고, 이는 판매만 했을 때는 결코 알 수 없던 것들이라 더 견고하고 오래 사용할 제품을 만드는 데 도움이 된다."고 말했다.

지속가능한 디자인과 친환경적 사업 모델 구축

이케아는 지속가능한 디자인과 재활용품으로 만든 가구 등 친환경적인 사업 모델을 통해 지속가능한 경영을 추구하고 있다. 예를 들어 빔레 소파의 경우, 사용하다가 더 큰 소파가 필요하면 추가할 수 있도록 디자인해 3인용이라면 하나 더 사서 4인용으로 만들거나 소파 팔걸이만 따로 교체할 수 있다. 그 외에도 침대 시트를 만들고 남은 자투리 천으로 만든 러그, 포장재를 재활용해 만든 스프레이 병, 재활용 나무로 만든 부엌 캐비닛 등도 판매하고 있고, 소비자들에게 가구를 수리하는 방법과 기존 재료를 재활용해 다른 제품을 만드는 방법을 가르치기도 한다. 호주에서는 사용하던 가구를 반납하면 가구 가격의 일정 비율을 바우처로 지급하는 등의 방법으로 이케아가 추구하는 가치를 드러내고 있다.

★ 인도어 라이프

집에서 모든 것을 해결하는 여가 방식을 인도어 라이프라고 한다. 코로나19의 여파로 집에서 모든 것을 해결하려는 경향이 더욱 높아졌다.

★ 팬츠드렁크

어디도 나가지 않고 집에서 가장 편한 옷차림으로 취미생활을 하는 것을 칭한다. 유사 표현으로 집콕 패션이라 불리는 '원마일웨어'가 뜨고 있다. 잠옷과는 달리 집에 머무르면서 주변의 마트와 편의점 등에 잠깐 외출할 때도 문제가 없는 패션으로 스타일리시하면서도 편안함을 느낄 수 있는 것이 특징이다.

★ 보상 소비

배우자에게 과소비로 보복한다는 '보복 소비(revenge spending)' 개념을 코로나19에 꾹 참았던 구매 욕구가 폭발하는 현상을 빗대어 말한다.

★ 러마페이

편의점에 가서(티머니처럼) 충전한 후 사용할 수 있는 사이버 머니. 스타일쉐어의 경우 인터넷으로 옷을 주문한 후 편의점에 가서 바코드를 내밀면 결제가 가능하도록 편의점 결제 시스템을 도입했고, 러블리마켓은 쇼핑몰 내에서만 이용 가능한 '러마페이'라는 사이버 머니를 만들었는데 편의점에서 충전 가능하다.

2.

시간을 팝니다: 타임 마켓

《내 안의 침팬지 길들이기》의 작가 토니 크랩은 우리가 과다의 세상에 살고 있다고 했다. 하루가 다르게 쏟아지는 정보의 홍수 속에서 읽을거리, 이메일, 따라잡아야 하는 아이디어, 회의들이 곳곳에 널려 있고, 디지털 기술은 개인이 해야 할 일거리들을 집, 휴가지 등 어디로든 쉽게 옮겨준다. 때문에 사람들은 무한 에너지와 능력을 갖추고 끝없이 도전하기를 강요받는다. 이러한 압박 속에서 현대인은 '시간'에 집착하게 되고, 시간 소비에 대한 강박은 시간을 늘 아껴야 한다는 '타임 세이브' 욕구로 이어진다.

편의점과 코인 노래방, 렌탈과 구독, 배달앱과 택시 호출앱 등이 각광받는 우리 사회 저변에는 어느새 '효용을 얻되 시간은 최대한 짧게'라는 인식이 자리 잡고 있다. 한편, 젊은 층을 중심으로 강하게 나타나는 '시간 소비 효율화'는 표면적 강박을 뛰어넘어 새로운 일상을 창출해가고 있다. 한동안 유행어였던 TMI(Too Much Information)

는 타임푸어 시대를 상징하는 대표적인 신조어다. 일하고 쉬기도 바쁜 시간에 쓸데없이 긴 정보는 듣지 않겠다는 강한 불만을 나타내는 것이다. 그런데 MZ세대들은 콘텐츠만큼은 한 걸음 더 나아가, PMI(Please More Information)를 원하기 시작했다. 드라마나 예능 프로그램을 '본방 사수' 하기보다는 핵심이 되는 부분만을 먼저 소비하고 필요하면 더 깊고 넓게 찾아본다.

MZ세대는 시간이 소중하다. 시간은 부족하지만 문화는 소비하고 싶고, TMI는 싫지만 필요한 것에는 기꺼이 시간을 투자한다. 바빠도 세상의 다양한 소식을 알고 싶어 한다. 지금이 '타임푸어의 시대'라고는 하지만, 사실 하루는 모든 사람에게 24시간으로 늘 동일하게 주어져왔다. 어쩌면 달라진 것은 우리가 시간을 대하는 태도인지도 모른다. 시간을 아끼는 것도 물론 중요하지만, 자신에게 주어진 '시간'의 의미에 대한 고민이 필요한 시점이 아닐까 한다. 그래서 '시간을 팝니다: 타임 마켓'을 두번째 트렌드 키워드로 선정하였다. 바쁘게 사는 사람들에게 어떻게 하면 그들이 가진 '유한한 시간'을 가치 있게 만들어줄 수 있을지, 어떤 상품을 통해 고객들에게 추가적인 '시간'과 '여유' 를 제공해줄 수 있을지 생각해보자.

빠르게, 더 빠르게: 배달 속도 전쟁

속도가 편리함을 대변하는 바야흐로 속도 전쟁의 시대다. 새벽배송, 로켓배송을 넘어 '번쩍배달', 1코노미를 겨냥한 초소량 배달 서비스를 내세운 'B마트'가 생겨나고, 배송 서비스는 다음 날 새벽배송 및 당일배송으로 더 당겨졌다.

방금 주문했는데 곧 온다고?: 마트 '초소량 번쩍배달의 시대'

배달의민족은 2018년 말 선보인 소포장 배달 서비스 '배민마켓'을 2019년 11월 'B마트'로 이름을 바꾸고 정식 서비스에 돌입하였다. 1코노미를 겨냥한, 1~2인 가구의 선호도가 높은 간편식 및 생활 필수품에 집중하여 즉석식품과 생필품을 1시간 내 배송하는 서비스다. B마트는 주문 후 1시간 내 배송을 원칙으로 하며, 서울 15곳의 B마트 물류센터에 직매입 상품을 보관해 두고, 주문이 들어오는 대로 라이더가 픽업해 배송한다. B마트의 최소 주문금액은 5,000원으로, 기존 온라인 마트들보다 결제 문턱이 낮아 1인 가구가 이용하기에 제격이다.

새벽배송도 늦다, 이제는 당일배송

오프라인 유통업체뿐만 아니라 기존 이커머스와 네이버까지 온라인 소비시장 공략을 위해 '더욱 빠른 배송'에 적극 투자하고 있다. 신선함을 주 무기로 앞세우고 있는 마켓컬리 또한 새벽배송이라는 이름으로 최고등급 한우를 손질 숙성해 배송하는 '뿔(PPUL)'을 선보였고, 수산물 48시간 이내 배송, 산란 후 5일 이내 달걀 배송, 컬리스 동물복지 우유 등 신선함에 초점을 맞추고 있다.

롯데마트는 4월 22일 롯데마트 중계점에서 '바로배송' 서비스를 시작했다. 바로배송 서비스는 매장 반경 5㎞ 이내서 롯데마트 앱이나 롯데그룹 온라인 통합 쇼핑몰(롯데ON)로 주문하면 1시간 만에 주문한 물품을 배송하는 서비스다. 주문부터 배송까지 전

과정이 1시간 30분 이내에 끝나며, 교통 체증 등 예상치 못한 변수를 고려해도 주문 시각에서 2시간 이내에는 배송을 완료한다.

인터넷 기업도 배송 전쟁에 뛰어들었다. 네이버는 지난 4월 20일 CJ대한통운-LG생활건강과 손을 잡고 익일배송 서비스를 내놨다. 이는 네이버 브랜드스토어에서 판매되는 LG생활건강의 상품을 고객에게 24시간 내 배송해주는 풀필먼트(fulfillment) 서비스다. 이를 통해 유통 제조사들이 굳이 대형마트나 백화점에 입점하지 않고, 네이버 브랜드스토어를 통해서도 소비자와의 접점을 늘릴 수 있게 됐다. 쿠팡 역시 4월 28일 '신선식품 당일배송 서비스'를 공식적으로 시작했다. 쿠팡의 신선식품 배송 서비스인 로켓프레시는 밤 12시 전에 주문하면 과일, 채소, 육류 등 신선식품을 다음 날 오전 7시 전에 받을 수 있는 새벽배송 서비스를 2018년부터 제공해 왔다. 여기에 오전 10시 이전에 주문하면 당일 오후 6시 이후 배송 받는 당일배송 서비스까지 확대해 소비자 편의성을 높였다.

쿠팡처럼 대규모 물류 시스템을 보유하지 못한 이커머스 기업들은 빠른 배송을 위해 대형마트와 슈퍼를 입점시키는 방식으로 변하고 있다. 11번가는 당일배송이 가능한 '오늘 장보기' 전문관에 이마트몰을 입점시키며 상품 수를 기존 4만 개에서 7만 5,000개로 확대했다. 위메프도 GS프레시와 손잡고 '마트 당일배송관'을 오픈해 1만 2,000개의 생필품을 당일 배송한다. 업계의 한 관계자는 "코로나19를 계기로 소비시장의 주도권이 온라인으로 완전히 넘어왔다."며 "유통업체뿐만 아니라 제조업체들도 물류센터 제휴를 맺는 등 배송 전쟁이 본격화되고 있다."고 말했다.

반품도 빠르게!

온라인 쇼핑의 폭풍 성장으로, 반품 요청도 급속도로 증가하고 있다. 온라인 쇼핑 한 달 거래액이 12조 원에 달하는 상황에서 '반품과의 싸움'이 주요 이슈로 떠오르고 있다. 영국 경제매체 〈파이낸셜 타임스〉는 "온라인 쇼핑은 오프라인 상점에서 구입할 때보다 반품할 확률이 거의 3배나 높다."며 "온라인 쇼핑객 중에선 정확히 어떤 물건을 고를지 확신하지 못해 같은 제품을 색상과 크기별로 여러 개 주문한 뒤 나머지를 반품하는 이들도 있다."고 했다. 마치 집을 오프라인 매장 '피팅룸'처럼 이용하고 있는 것이다.

반품 관리 능력은 소비자 만족도는 물론 기업 수익성과도 직결되는 문제다. 단순 변심, 주문 오류 등으로 발생한 반품 비용 일부를 소비자에게 부담시킨다고 해도, 제품 검수와 재입고 절차에서 인건비, 보관비 등이 발생한다. 재판매될 때까지 재고로 떠안고 있는 기간 동안 유행이 지나버리거나 보존 기한을 넘기며 상품 가치가 떨어지기도 한다. 반품 요청이 들어온 제품의 절반 정도만 재판매가 가능하고, 나머지 제품은 손상됐거나 박스가 개봉돼 원래 가격에 되팔기 어렵다고 한다. 업계에서는 물류 창고에서 보관 중인 반품 의류의 가치가 2개월이 지나면 20%, 4개월이 지나면 50% 떨어지고, IT 기기의 경우 매달 4~8%씩 감소한다고 본다. 미국 유통업계에선 반품으로 매년 500억 달러(약 58조 원)의 손실을 보고 있다는 분석도 나온다.

국내 유통업체들도 반품 관리 시스템에 투자를 아끼지 않고 있다. 온라인 유통업체들은 '반품 원천 봉쇄 작전'에 뛰어들고 있다. 주문 오류로 반품 스트레스에 시달리는 소비자가 아예 '구입 취소'까지 가는 걸 막기 위해 각종 대책을 내놓는 것이다. 삼성물산 패션부문 SSF숍은 3회, 도합 100만 원 이상 구입한 VIP 고객에게 '홈 피팅' 서비스를 제공 중이다. 예를 들어 95사이즈 티셔츠를 주문하면 처음부터 90사이즈와 100사이즈까지 같이 보내주고 맞는 사이즈를 선택하도록 한 뒤 나머지 제품을 무료로 수거해간다. 한섬의 더한섬닷컴도 VIP 고객이 상품을 3개 이상 주문할 경우, 담당 직원이 차를 몰고 가서 다양한 사이즈 제품을 직접 보여주는 '앳홈' 서비스를 선보이고 있다. 스타일쉐어는 PB인 '어스'를 론칭하면서 첫 구매자에게 택배비를 받지 않는 1회 무료 교환 정책을 시행했다. W컨셉 김효선 마케팅 본부장은 "반품을 막을 수 없다면, 오히려 편하게 만들어 망설이는 소비자를 붙잡아야 한다. 온라인 쇼핑몰은 최근 클릭 한 번으로 반품 처리를 할 수 있는 시스템을 속속 갖추는 추세다."라고 했다.

음식을 넘어 의류까지
총알배송

식품뿐 아니라 의류업계에서도 배송 경쟁이 뜨겁다. 의류 총알배송 서비스는, 옷이 식품처럼 신선도가 중요한 상품은 아니지만 트렌디한 옷을 빨리 입고 싶어하는 1020세대 고객을 겨냥한 고객 맞춤 서비스다. 가장 먼저 총알배송 시스템을 도입한 곳은 10대 고객을 주요 타깃으로 하는 여성복 앱 '소녀나라', '육육걸즈' 등 이다. 트렌드에 민감한 10대 여성들은 배송 시간을 중요하게 생각한다는 데 착안했다. 업체 관계자는 "오늘 배송 이벤트를 진행하면 보통 일반적인 제품 판매 속도보다 빠르게 판매되고, 또 입점 브랜드에서도 소비자에게 특별한 서비스를 제공할 수 있어서 긍정적으로 평가하고 있다."고 말했다.

1020세대를 주 타깃층으로 하는 패션 플랫폼 '브랜디' 역시 당일 배송을 시작했다. 인플루언서와 동대문 패션상인을 연결해주는 사업 구조로, 동대문에 자체 물류 창고를 구축하고 기존의 판매 실적과 소비자 성향 등을 고려한 데이터 분석을 통해 상품의 판매 예상 수량을 뽑고 이를 미리 물류 창고에 비축해 놨다가 주문이 들어오는 즉시 배송을 시작한다. 지난 4월 1일 소셜커머스 '쿠팡'도 어플 내에 패션전용관 'C.에비뉴'를 새로 론칭하여, 주문 다음 날 오전 7시 전까지 쇼핑한 옷을 받아볼 수 있는 의류 로켓배송을 시작했다.

▲ 오늘 사서 내일 입는 당일배송 브랜드 '브랜디' (출처: 브랜디 페이스북)

전문가들은 "당일 배송은 매출 촉진책이 아니라 소비자에게 '선진적인 서비스를 시행하는 앞선 브랜드'라는 이미지를 심는 장치가 될 것이다."라고 말한다. 즉시 필요한 상품이 아니더라도 빨리 받아봄으로써 심리적 만족을 갖게 되고, 곧 해당 플랫폼이나 브랜드에 대한 신뢰도 상승으로 이어질 것이라는 이야기다.

짧게, 더 짧게: 예능도, 콘텐츠도 숏폼 전쟁

소비자들의 동영상 콘텐츠 소비 패턴이 빠른 속도로 변하고 있다. 이동하거나 잠깐 시간이 날 때마다 수시로 가볍게 시청하는 게 가능해지면서 더 짧고 간결한 형태의 '숏폼(short-form)' 콘텐츠 소비가 급증하는 추세다. 이미 중국 숏폼 플랫폼인 틱톡이 주도권을 잡은 이 시장에 국내 포털사를 비롯해 유튜브 등 글로벌 업체들까지 진출을 선언하면서 경쟁은 더욱 치열해지고 있다. 시간이 없는 MZ세대를 위하여 방송사별 숏클립 서비스도 인기다.

숏폼 경쟁에 뛰어든 지상파

지상파 미디어 콘텐츠가 숏폼으로 변화하고 있다. '예능대부' 나영석 PD의 새로운 예능인 '금요일 금요일 밤에(금금밤)'는 여행, 미술, 스포츠, 음식, 과학 등 각기 다른 소재의 6개의 숏폼 코너가 옴니버스 형식으로 구성된 예능 프로그램으로, 유튜브로 달라진 시청 패턴을 반영해 새로운 형식의 프로그램을 시도하였다. '금요일 금요일 밤에'는 유튜브의 연장선으로 볼 수 있다. 나영석 PD는 유튜브에 업로드되는 인기 웹 예능이 대부분 15분 내외인 것을 고려해 한 코너를 15분 분량으로 만들어, 다양한 주제로 시청자에게 골라보는 재미를 주고자 하였다. 20분 이하의 숏폼 콘텐츠가 안방극장에 자연스레 안착했다는 평이다. 나영석 PD는 시청률에 대한 우려에 대해, "시청률도 신경 쓰지만 어느 시청자가 뭘 어떻게 보고 어떤 재미를 받았다는 피드백이 더 중요하다고 생각하고 이 프로그램을 만들었다."며 한 인터뷰를 통해 소감을 밝혔다.

MBC는 웹툰 작가 주호민, 이말년의 진행으로 화제를 모았던 20분 분량의 숏폼 콘텐츠 '침착한 주말'은 시즌2 '주X말의영화'까지 확장하였고, '오분순삭'이라는 독립채널을 통해 기존의 예능을 짧게 편집한 영상으로 4개월 만에 36만 명의 구독자를 모으고 있다. 모바일 등에서 주로 나타나던 숏폼 형식을 전통 미디어까지 활용하고 나선 것이다. 최근 tvN은 '신서유기 외전: 삼시세끼-아이슬란드 간 세끼'와 '라면 끼리는 남자', '마포 멋쟁이' 등을 연달아 선보이고 있다. 기존 예능의 방식을 탈피해 5분 내외만 방송되며, 방송 후 유튜브 채널을 통해 풀버전을 공개했다. 또한

TV 방송국이 자신들의 대표 예능 프로그램 속편을 제작해 유튜브 등 온라인으로 퍼 나르고 있다. 각 프로그램이 갖고 있는 친숙한 매력을 활용하면서도 새로운 이야기를 만들어 TV 시청자들과 누리꾼을 모두 겨냥하겠다는 전략이다. OTT에서도 이와 같은 흐름은 이어진다. KT의 자체 OTT 플랫폼 '시즌(Seezn)'에서 방송된 '연남동 패밀리'는 회당 18분가량의 영상을 총 8부작으로 제작됐다. 이밖에도 '인 유어 드림', '우웅우웅', '7일간 로맨스' 등 대부분의 작품이 15분 내외 영상으로 제작되고 있다. 숏폼은 웹드라마에서만 주로 쓰이던 방식이었으나, 점점 영역이 확대되고 있다.

더 짧게, 너도 나도 숏폼 경쟁

2020년 4월 네이버는 숏폼 동영상 에디터 '블로그 모먼트'를 출시하였다. 블로그 모먼트는 동영상 편집 기술이 없는 초보자도 몇 번의 터치만으로 쉽고 간단하게 동영상 콘텐츠를 만들 수 있는 편집 도구로, 네이버 블로그 내에서 서비스된다. 이용자들은 영상을 자르거나 글자를 넣는 것 외에 영상에서 강조하고 싶은 부분을 별도로 설정할 수 있다. 또 영상에 쇼핑이나 지도 같은 별도의 링크를 삽입해 독자들이 영상을 보다가 해당 페이지로 자연스럽게 이동할 수 있다.

최근 스타 PD들을 대거 영입한 카카오M 역시 오윤환 제작

총괄과 함께 러닝타임 20분 이하의 '숏폼 콘텐츠'를 준비 중인 것으로 알려져 있다. 또 카카오 톡에 숏폼을 비롯한 다양한 유형의 콘텐츠를 유통하는 별도의 채널 '톡TV(가칭)'를 선보일 예정이다.

네이버와 카카오가 잇따라 숏폼에 뛰어든 이유는 숏폼이 이미 전 세계적인 트렌드가 됐기 때문이다. 메조미디어가 발표한 '2020 숏폼 콘텐츠 트렌드'에 따르면 광고 및 홍보 동영상의 73%가 영상 길이 2분 이하의 숏폼 콘텐츠다. 또 10대의 56%가 동영상 시청 시 10분 미만의 길이를 선호하는 것으로 나타났다. 유튜브도 숏폼 시장에 도전장을 내밀었다. 유튜브는 틱톡과 유사한 형태의 서비스인 '쇼츠(Shorts)'를 연내 유튜브 앱에 출시한다. 쇼츠를 통해 사용자는 짧은 길이의 영상을 올릴 수 있고, 유튜브가 라이센스를 확보한 음악들을 배경음악으로 사용할 수 있다는 차별점을 가지고 있다.

현재 숏폼 시장은 틱톡이 한참 앞서 있다. 틱톡의 유저 40% 이상은 10대로, 짧은 영상을 좋아하는 MZ세대의 취향을 일찌감치 파악해 시장 선점에 성공했다. 미국 시장조사업체 센서타워에 따르면 지난해 틱톡은 누적 다운로드 수 7억 5,000만 회를 돌파하며 유튜브, 인스타그램 등 글로벌 콘텐츠 플랫폼을 위협하고 있다. 이러한 틱톡의 성장세를 지켜보며 기회를 엿본 글로벌 업체들도 최근 숏폼 시장에 발을 디디고 있다. 디즈니, 소니픽쳐스, 알리바바 등이 투자하며 모바일 동영상 시장의 새로운 기대주로 꼽힌 '퀴비(Quibi)'가 지난 4월 6일 정식 출시됐다. 할리우드 인기 감독과 배우들이 콘텐츠 제작에 참여했으며, 이런 잠재력 덕분에 퀴비는 이미 출시 전 1년치 광고(1억 5,000만 달러 상당)를 판매한 것으로 알려졌다. 퀴비가 여타 OTT와 다른 점은 '10분 내외의 숏폼 콘텐츠'를 '모바일'로만 제공한다는 것이다. 실제 퀴비는 영화, 예능, 다큐, 뉴스 등의 콘텐츠를 짧은 분량의 클립으로 나누어 매일 공개하고 있다.

틱톡:
짧지만 확실한 행복, 숏확행

가수 지코가 틱톡에서 진행한 '아무노래 챌린지'는 단연 2020년 최고의 마케팅으로 손꼽힌다. '아무노래 챌린지'에는 화사, 청하, 이효리, 송민호, 크러쉬 등 연예인은 물론 글로벌 팬들까지 참여하며 세계적인 트렌드를 만들어냈다. 4분 7초 분량인 '아무노래'의 공식 뮤직비디오 조회 수는 935만 회인데 비해 48초 분량의 틱톡 '아무노래 챌린지'의 관련 영상 조회 수는 최근 8억 회를 돌파하였다.

지코가 '아무노래 챌린지'에 활용한 동영상 앱 '틱톡'은 15초에서 1분 사이의 숏폼 콘텐츠를 지향한다. 틱톡은 '짧지만 확실한 행복'을 뜻하는 '숏확행'을 슬로건으로 내세우고 있다. 이는 '기승

전결'이 명확한 긴 분량의 콘텐츠 대신, 눈과 귀에 확 꽂히는 중독성 있는 짧은 콘텐츠에 열광하는 MZ세대의 취향을 반영한 것으로 볼 수 있다.

트위터 '스포트라이트': 6초 만에 다 보여드릴게요

트위터 실시간 트렌드는 실시간으로 가장 많이 트윗되는 키워드를 순위로 보여주는 탭으로, 이용자 주목도가 높아, 기존에는 키워드 순위 최상단에 텍스트 형태로 프로모션을 진행했던 것을 올해부터는 스포트라이트를 통해 영상으로 광고가 가능하도록 하였다. 이 서비스는 '스포트라이트'로 6초 길이의 GIF나 영상, 일반 이미지를 지원하는데, 트위터가 스포트라이트 론칭에 앞서 일부 국가에서 시범 적용한 이용자 분석에 의하면, 이용자는 일반 프로모션 트렌드에 비해 스포트라이트에 시간을 26% 더 사용한 것으로 나타났다. 또한 프로모션 인지도는 113% 증가했으며, 브랜드 고려율은 18% 상승했고, 미래에 해당 브랜드를 사용하겠다는 응답은 67% 상승했다. 트위터 내부 데이터에 따르면 스포트라이트 광고 클릭률은 일반 프로모션 트렌드 광고보다 3배 높게 기록했다고 전해졌다.

많이, 더 많이:
24시간이 모자란 업글인간

밀레니얼 세대는 높은 교육열을 지닌 부모, 바뀐 교육제도로 인해 방과 후 수업, 학원, 봉사활동 등을 하며 늘 시간에 쫓기는 유년시절을 보냈다. 기성세대의 조언대로 열심히 노력하며 살았다. 하지만 결국 일에 쫓겨 자유시간이 없는 '타임푸어' 신세가 되어버린 것이다. 밀레니얼들은 여전히 무언가를 이루고자 강박감에 늘 쫓기듯 바쁘게 보내며, 만성적인 불안감에 시달리고 있다.

업글인간 1.
타임푸어, 업글인간의 불안감

지난 2019년, 취업포털 잡코리아에서 설문조사에서 2030 직장인 10명 중 7명이 자신을 '타임푸어'라고 느낀다고 응답했다. 자동화, 주 52시간 근무제 도입 등으로 여유 시간이 생긴 것 같지만 실상은 그렇지 않다. 타임푸어족이 되는 이유는 '무한경쟁, 스피드를 강요하는 사회 분위기'(36.4%), '부족한 경제적 자원으로 알바 등에 많은 시간 투자'(26.6%), '자기계발을 위한 욕심, 성공을 위한 열정'(24.7%), '바쁘게 사는 친구나 지인에게 느끼는 경쟁심'(12.3%) 등이었다. 한편, 타임푸어라서 포기하는 것은 휴식시간, 건강관리, 문화생활, 가족과의 대화 및 식사, 지인과의 만남 순으로, 타임푸어들은 '휴식'(16.5%)을 가장 먼저 포기했다. 반면 시간이 부족해도 포기할 수 없는 것은 '문화 · 여가생활'(16.8%)로 조사되어, 휴식과 문화생활에 대한 상이한 시각과 구분이 있음을 알 수 있었다.

성공과 함께 성장을 추구하는 새로운 자기계발형 인간인 '업글인간'의 하루는 바쁘다. 업글인간은 타인과의 경쟁이 아니라 어제보다 나아진 자신을 만드는 데 변화의 방점을 찍는다. 그리고 자신의 직무, 학업 등과 관계없이 자신의 일상과 습관을 자율적으로 성장시키는 행동을 한다. 성장을 위한 불안감은 타인과의 경쟁을 넘어선 자신과의 경쟁을 통해 체력과 몸매 관리, 취미활동, 학습까지 1분 1초를 헛되이 쓰지 않고 개발시켜 나가려 한다. 스펙보다는 매일매일의 성장을 중요시 한다.

특히 '핫한 몸, 딥한 취미, 힙한 지식'을 갖추는 것이 업글인간의 자기계발 포인트다. 건강이 가장 기본이라는 것을 알고 있는 업글인간은 건강과 몸매 관리에도 소홀할 수 없다. 혼자 하면 지루하고 어려울 수 있는 운동은 SNS나 앱 등을 사용하여 주변 사람들과 공유하면서 커뮤니티 활동과 자기관리를 함께한다. 또한 업글인간의 자기계발은 퇴근 후에도 멈추지 않고 지속된다. 퇴근 후 직장인들의 자기계발 중 하나로 다양한 살롱문화들이 운영되고 있는데, 이 살롱문화는 단지 모임을 통한 커뮤니티를 넘어서 취미와 특기를 찾고 발전시켜 나가는 수단이 되기도 한다. 정보가 넘쳐나고 알아야 할 것도 많은 이 시기, 업글인간은 지속적으로 자신의 지식을 향상시키기 위해 노력한다. 학습하기 편하도록 이해하기 쉽고 다양한 접근방법으로 가공된 지식 섭취를 통해 업글인간은 자신의 지적 세계를 빠르게 확장해간다.

시간이 없는 업글인간을 위한 콘텐츠: 서머리 서비스의 부상

할 일은 많고, 시간은 없지만 세상의 다양한 소식에 관심이 많은 타임푸어족과 끊임없이 자신을 업그레이드해야 하는 업글인간을 위한 '서머리(summary) 콘텐츠'가 급부상하고 있다. 주로 영상, 오디오 콘텐츠로 제작되는 서머리 콘텐츠는 시간과 돈이 부족해 오리지널 콘텐츠를 즐길 여유가 없는 젊은 세대를 중심으로 확산되고 있다.

전자책 플랫폼 '밀리의 서재'는 2019년 7월부터 핵심 내용만을 간추려 들려주는 '리딩북' 서비스를 제공하고 있다. 리딩북 서비스는 책 전체를 읽어주는 일반적인 전자책 플랫폼의 '오디오북' 서비스와 달리 핵심 내용만을 간추려 들려주는 서비스며, 전체 페이지 수에 상관없이 분량은 30분으로 일정하다.

이러한 도서 관련 서머리 콘텐츠는 밀리의 서재뿐 아니라 팟캐스트에서 역시 꾸준히 성장하는 추세다. 대표적으로 국내 1위 팟캐스트 플랫폼 '팟빵'에선 책 줄거리를 요약해 들려주는 독서 팟캐스트가 인기다. 팟빵의 도서 카테고리에 들어가보면 관련 채널이 1,200개가 넘는다. 도서 카테고리 1위를 유지하고 있는 채널 '이동진의 빨간책방'은 구독자 13만 명을 넘어섰고, 2위 채널 '김영하의 책 읽는 시간'은 약 8만 명의 구독자를 보유하고 있다. 또한, 서머리 콘텐츠를 소재로 한 예능 프로그램도 있다. tvN의 교양 프로그램 '요즘 책방: 책 읽어드립니다'는 역사 강사 설민석, 방송인 전현무 등이 매주 한 권의 책을 선정해 내용을 설명해주고 패널들이 책을 읽은 소감을 나누는 프로그램이다. 책을 읽고 싶어 구입했지만, 살기 바빠서, 내용이 어려워서, 혹은 생각보다 재미가 없어서 완독하지 못한 스테디셀러 책들을 알기 쉽게 풀어주는 프로그램으로, 제작진은 "타인의 인사이트를 공유하는 기회이자 책에 대한 관심을 높이는 시간이 되길 기대한다."고 기획의도를 밝혔다.

모두모두 요약해줌:
영화, 드라마, 스포츠까지 요약해서 본다

도서 외에도 영화, 드라마뿐만 아니라 경제, 상식, 스포츠에 대한 서머리 콘텐츠도 두드러지게 나타나고 있다. 유튜브와 팟캐스트에서는 서머리가 주요 콘텐츠로 이미 자리를 잡았으며, 시사 분야에서도 요약 콘텐츠 서비스가 잇따라 나오고 있다. 미디어 스타트업 '뉴닉'은 분야를 막론한 시사 현안들을 정리한 이메일을 뉴스레터 형식으로 매주 월수금 구독자들에게 발송한다. 더 이상 포털사이트 메인에 떠 있는 뉴스를 신뢰하지 않고, 매일 수많은 정보의 양을 받아들이는 가운데 뉴스를 다 읽어볼 시간적 여유가 없는 MZ세대를 위해 뉴닉은 그날 점심 자리의 대화가 됨직한 뉴스 3가지를 제공한다. 신문이나 방송에서 늘 보던 방식이 아니라 친구와 이야기하는 것처럼 쉽고 부드럽게 전달하는 형식을 취하고 있다. 정치권에서 '패스트트랙'이 이슈가 됐을 때 '패스트트랙이 뭔데?', '그래서 어떻게 되는데?'라는 식으로 스토리라인을 풀어감으로써 친구에게 설명하듯이 시사뉴스를 소개하여, 서비스 론칭 6개월여 만에 구독자가 4만 명으로 늘었다.

이외에도 스포츠 분야의 서머리 콘텐츠 역시 나날이 진화하며 많은 사람들의 사랑을 받고 있다. 2019년 8월 네이버 스포츠는 직접 개발한 AI 기술을 바탕으로 'AI 득점 하이라이트' 영상 클립을 제공을 시작했다. 이는 KBO(한국야구위원회) 리그 경기의 득점 상황을 AI가 자동으로 편집, 제작해 빠르게 제공하는 서비스다. 사람들이 가장 많이 찾아보는 스포츠 서머리 콘텐츠인 하이라이트 영상은 이전까진 사람이 직접 스포츠 경기 영상을 편집해 업로드했다. 그러나 AI 득점 하이라이트 영상 서비스가 가능해지면서 3시간을 훌쩍 넘기는 야구 경기가 끝난 후 5분도 되지 않아 경기 주요 장면을 즐길 수 있게 됐다. 부족한 시간에 빠르고 쉽게 문화를 소비하고자 하는 수요가 늘어나면서 이렇듯 다양한 서머리 콘텐츠들이 생겨나고 발전하고 있다.

'사느냐 죽느냐 이것이 문제로다': 햄릿 증후군

저녁 식사 장소를 정할 때도, 화장솜 한 통을 구입할 때도 우리가 먼저 하는 일은 검색이다. 끊임없이 망설이는 결정장애 사회현상을 '햄릿 증후군'이라 부른다. 전 세계적으로 하루에 산출되는 정보의 양이 2조 5,000억 MB(메가바이트) 이상이라고 한다. IT가 발전하면서 그 속도도 날마다 증가하는 추세다. 매일 새롭게 쏟아지는 정보의 공해 속에서 우리는 고민에 빠진 '햄릿'이 되어간다. 매일 마주하는 수십 개의 선택 대안 사이에서 최적의 대안을 찾기 위해 선택지를 하나하나 분류하는 일에 피로감을 느끼게 되는 것이다.

어느새 사소하고 일상적인 순간에서조차 고민하는 밀레니얼들이 많아지고 있다. 이는 사회안전망의 부재로 인한 실패에 대한 두려움이 결정장애로 이어지게 된 것이다. 햄릿 증후군과 같은 결정장애의 핵심요소는 불안이다. 어떤 것을 결정해야 할지 망설이는 순간 우리의 마음속은 불안으로 가득 차게 된다.

또 결정에 대한 두려움은 책임을 지는 것에 대한 두려움이기도 한데, 결과가 완전하지 못할 경우 모든 것을 자신이 책임져야 한다는 부담감과 매사에 완벽한 결정을 해야 한다는 두려움이 '햄릿 증후군'으로 이어진다. 경제 성장기 때는 잘못된 선택을 해도 재기할 기회가 많았다. 좋은 대학을 못 가거나 성적이 나빠도 취직 걱정을 덜 했고, 방황하느라 시기를 놓쳐도 늦게라도 결혼할 수 있었지만, 요즘은 사회에서 요구하는 기준을 제때 맞추지 못하면, 완전히 낙오되고 패자부활전의 기회는 점점 줄고 있다. 이에 따라 실패에 대한 두려움이 커지고 사람들은 결정을 내리기가 더욱 힘들어졌다.

선택과 구매의 스트레스를 해결해드립니다

시간은 한정되어 있고 모두에게 똑같이 주어지지만, 그것을 어떻게 활용하느냐에 따라서 시간의 효용성은 크게 달라진다. 이에 많은 기업들이 시간의 효용성을 브랜드 경쟁력으로 내세우며, 소비자들의 시간을 늘려주고 가치 있는 경험에 시간을 투자할 수 있도록 하는 제품들을 내놓고 있다.

패션계의 감성 넷플릭스를 추구하다: 스티치픽스

2011년 미국에서 설립된 '스티치픽스(Stitch Fix)'는 고민하는 햄릿을 위한 의류 구독 서비스다. 일단 접속하자마자, 나의 패션 취향에 대해 질문 받는다. '신체 사이즈는? 좋아하는 옷 스타일은? 체크무늬는 자주 입니? 이런 스타일은 어때?' AI는 제공된 소비자 데이터를 기반으로 스타일을 분석하고, 스타일리스트는 그에 맞춘 상품을 선별한다. 수수료 20달러를 내면 집으로 5가지 의류 및 액세서리를 보내주고, 고객은 받은 제품 전체를 반품하거나, 일부를 구매할 수 있는데 마음에 드는 옷을 하나라도 구매하면 수수료 20달러를 깎아주는 서비스를 제공한다. 옷을 고를 시간이 없거나 귀찮은 사람들에게 마음에 드는 옷을 골라서 보내주는데, 처음 5벌을 보낸 고객일지라도 80%가 최소 1벌을 구매할 정도로 높은 정확도를 자랑하고 있다. AI알고리즘이 전적으로 추천하는 넷플릭스와 달리 스티치픽스는 3,900여 명의 스타일리스트가 최종 '박싱' 작업을 담당함으로써 '친구 결혼식에 입고 갈 드레스를 추천해 주세요'와 같이 특별 요청사항 및 개인 사정에 맞춤화한 감성 코디 작업을 가능하게 했다.

너는 내 취향 저격: 의류 렌탈, 맞춤형 도시락

'위클리셔츠'는 의류 렌탈 서비스로, 직장인 남성을 위한 출근복 스트레스 해결을 목적으로 한다. 월 이용료를 지불하면 매주 3~5벌의 셔츠를 골라 세탁과 다림질까지 완벽한 상태로 문 앞까지 직접 배달해준다. 이용한 후에는 문 앞에 걸어두기만 하면 된다.

개인 몸상태에 맞춘 'DNA 도시락'과 맞춤 영양제 서비스도 인기다. 체질량지수, 중성지방, 콜레스테롤, 혈압, 혈당 등 데이터를 기반으로 전문 요리사가 직접 요리해 맞춤형 도시락을 제공한다. 아침을 거르거나 불규칙한 식습관을 가진 현대인들에게 건강과 시간을 관리해주는 서비스로 각광받고 있다. 맞춤 영양제 구독 서비스인 '필리'는 실제 약사와 상담하는 15~20개 정도의 질문을 통해 고객의 라이프 스타일, 식습관을 파악하여 고객의 문제점에 맞는 영양소를 월 단위로 배송한다. 구매 후 올바른 섭취 습관을 가질 수 있도록 매일 알림과 건강 정보를 제공하고 있어 만족도가 높다.

오늘도 선택을 망설이는 당신을 위해 모아드려요: AI 큐레이션 서비스

시간이든 돈이든 한정된 자원 안에서 효율적인 선택을 해야

▲ (위)개인 맞춤 정기배송 영양제 '필리' (출처: 필리 홈페이지)
▼ (아래)내 DNA까지 꼭 맞춘 도시락 식단 서비스 (출처: 와디즈)

한다는 강박관념은 현대인의 '스트레스 유발' 요인임이 분명하다. 선택 과잉의 시대, 소비자의 애환을 읽은 것이 큐레이션 서비스다. 이용자의 구매 패턴을 분석하는 것은 기본이고 국내외 최신 트렌드까지 고려해 상품이나 서비스를 '맞춤형'으로 추천해주는 서비스는 구독경제와 맞물려 각광받고 있다. 정보의 양이 급증하면서 '결정장애', '선택장애'에 빠진 소비자를 위한 '큐레이션' 서비스가 인기를 끌고 있다.

'큐레이션'은 본래 미술관 등에서 전시를 기획하고 설명해주는 일을 의미하지만, 최근에는 '콘텐츠의 선별과 제안'이라는 새로운 의미로 화두가 되고 있다. 또 빅데이터와 인공지능을 활용해 소비자에게 꼭 맞는 상품과 콘텐츠를 추천해주는 방식으로도 발전하고 있다.

나보다 내 음악 취향을 더 잘 아는 너

스포티파이는 이용자가 어떤 노래를 많이 듣는지 분석한 뒤 이를 토대로 이용자가 좋아할 만한 노래를 추천하는 큐레이션 서비스를 제공해준다. 매주 월요일 새로운 플레이리스트를 제안하는 서비스인 '디스커버 위클리(Discover Weekly)', 상대적으로 덜 알려진 아티스트의 노래를 소개하는 '프레시 파인즈(Fresh Finds)'가 대표적인 예이며, '테이스트 리와인드(Taste Rewind)'는 좋아하는 아티스트 3명을 고르면 이를 기반으로 이용자 취향을 분석하고 1960년대부터 2000년대까지 나온 노래 중 이용자가 좋아할 확률이 높은 곡을 추천해준다.

국내 음원 서비스인 '플로(FLO)'와 네이버 '클로바'에 축적된 데이터로 곡을 추천해주는 '바이브(VIBE)'는 맞춤형 음악 어플을 컨셉으로 출시했고, '지니', '벅스' 역시 FOR U, 뮤직 U 등을 통해 음악 큐레이션에 열을 올리고 있다. 카카오의 '멜론'은 지난 12년간 수천만 명이 이용한 음원 빅데이터와 이를 활용한 정확도 높은 큐레이션을 선보이고 있다. 특히, 최근 카카오는 멜론의 모바일 버전을 업데이트하며 큐레이션 서비스인 '멜론DJ' 기능을 강화했다.

당신이 무엇을 보고 싶은지 나는 이미 알고 있다

넷플릭스는 고객 빅데이터를 활용해 새로운 작품을 제작하고 있다. 대표적인 예가 넷플릭스 오리지널 시리즈로 공전의 히트를 기록한 '하우스 오브 카드'다. 할리우드 유명 배우들의 탄탄한 연기, 짜임새 있는 대본과 연출, 새 시즌을 선보일 때마다 전체 회차를 모두 공개하는 방식 등 모두가 빅데이터 분석을 통해 정해진 것으로 알려졌다. 넷플릭스의 '시네매치' 또한 업계에서 가장 많은 이용자 수를 확보하는 데 기여한 서비스로 평가받는다. 시네매치는 이용자의 시청 이력을 기반으로 선호하는 장르, 배우 등을 분석한다. 여기에 이용자가 어떤 장면을 반복해 봤는지, 어떤 부분을 건너뛰었는지도 파악한다. 이러한 정보들이 모두 빅데이터로 쌓이고, 이를 기반으로 이용자가 보고 싶어 하는 콘텐츠를 추천한다.

소셜 큐레이터 '핀터레스트'는 내가 관심 있는 주제의 이미지들을 스크랩해서 제공한다. 콘텐츠 큐레이터 '왓챠'는 사용자 취향에 맞는 영화를 추천해주고, 뉴스 큐레이터 '허핑턴 포스트'는 전문가가 각종 이슈들을 SNS, 뉴스 등 여러 채널에서 모아 제공한다.

짧은 시간, 많이 많이 배우자: 원데이 클래스

짧은 시간을 투자해 저렴한 비용으로 다양한 경험을 접할 수 있는 원데이 클래스에 대한 MZ세대의 참여가 증가하고 있다. 높은 성취감과 자아실현을 충족시킬 수 있는 '저비용 고효율 수단'으로 여겨지며 현실에서의 답답함과 고민에서 잠깐이나마 벗어날 수 있는 시간으로 활용되기도 한다. 원데이 클래스를 즐기는 이들은 '짧은 시간을 투자해 합리적인 가격으로 만족도 높은 결과물을 얻을 수 있다는 점', '일정에 따라 유동성 있게 수강할 수 있다는 점', '관계에 큰 부담을 갖지 않고 새로운 사람을 만날 수 있다는 점' 등을 장점으로 꼽았다.

원데이 클래스에 정기적으로 참여한다는 H씨는 "원데이 클래스는 워라밸을 중시하는 요즘 직장인들에게 안성맞춤 프로그램"이라며 "특별하고 새로운 경험을 하고 싶을 때 원데이 클래스를 자주 찾는다."고 했다. 또 다른 원데이 클래스 수강생 P씨는 "학원 같은 정기 수업은 경제적 부담이 큰데 원데이 클래스는 적은 비용으로 일상을 다채롭게 채울 수 있다."며 "매번 수업에서 새로운 사람을 만나는 것도 좋다."고 했다. 원데이 클래스는 가격대는 1만 원대에서부터 시작해 가장 비싼 것이 10만 원 초반 정도이다. 도입 초기 베이킹 등 일부 분야에 머물러 있던 수업의 종류가 점차 범위가 넓어지면서, 회화, 지식 공유, 공예품 제작, 음치 탈출, 코딩 등으로 다양해졌으며, 레고, 네온사인, 슬라임 등 최근 유행에 맞춘 '만들기 수업'도 인기다.

2030들에게 원데이 클래스는 어릴 적 '못다 한 꿈'을 이룰 기회기도 하다. 가정 형편상 배우지 못했던 취미를 성인이 돼서 배운다. 직장인 L씨는 최근 피아노로 노래 한 곡을 완벽하게 치는 법을 배우는 수업을 들었다. L씨는 "어릴 적에 집안 사정 때문에 피아노 학원을 못 다녔는데 근래 가장 뿌듯했던 경험"이라고 했다.

내 돈 주고 하는 원데이 클래스 유행에 맞추어 패션·뷰티 업체들도 고정 고객을 확보하기 위해 매장 내 '원데이 클래스' 운영을 적극 활용하고 있다. 업계 관계자는 "백화점이 문화센터에서 저렴한 가격에 양질의 수업을 제공함으로써 고객을 백화점 공간으로 끌어들이는 것처럼 패션·뷰티 업체들도 비슷한 방식을 활용하는 것"이라고 말했다.

★ **가사도움 서비스**

- **노블메이드** 수건, 배스로브, 바디타월을 매주 1~2회 배송해준다. 사용한 물품은 세탁 가방에 담아 집 앞에 두면 수거해 간다. (월 4만 9,000원부터)
- **런드리고** 생활 빨래부터 드라이클리닝까지 앱을 통해 신청 가능하다. 밤 11시 전에 세탁물을 집 앞에 내놓으면 다음 날 자정 전에 돌아온다. (월 5만 8,600원~6만 4,200원)
- **호텔리브** 까다로운 욕실 청소를 대신 해주는 '집에서 만나는 호텔 서비스'다. 록시땅, 아베다 등 호텔 욕실에서 많이 쓰는 브랜드의 어메니티도 정기 구독할 수 있다. (욕실 청소 서비스는 평형에 따라 월 2회 3만 7,000~5만 2,000원, 월 4회 4만 9,000~6만 9,000원)

★ **읽을거리 서비스**

- **리디셀렉트** 전자책 베스트셀러와 리디셀렉트 전용 콘텐츠인 '아티클'을 무제한으로 구독할 수 있다. 아티클은 국내 유명 저자 칼럼, 〈이코노미스트〉, 〈뉴욕타임스〉 등 해외 매체 번역 기사로 제공된다. 한 번 유료 결제를 하면 90% 이상 구독을 유지할 정도로 고객 충성도가 높은 편이다. (월 9,900원)
- **밀리의 서재** 국내 월정액 도서 서비스의 선두주자다. 책 1권을 30분 분량으로 요약해서 읽어주는 '리딩북', 책 핵심내용을 채팅형 콘텐츠로 요약해 소개하는 '챗북' 등 독서 부담을 줄여주는 서비스를 잇달아 선보여 호평을 받고 있다. (월 9,900원)

- **예스 북클럽** 상대적으로 뒤늦게 서비스를 시작했지만, 밀리의 서재와 리디셀렉트에 없는 도서를 상당수 포함하고 있다. 플로와 제휴하여 두 서비스를 합리적인 가격으로 이용가능 하다. (스탠다드 월 5,500원, 프리미엄 월 7,700원)
- **플라이북** 책 정기배송 서비스다. 매달 30일 추천 책과 추천 이유가 담긴 캘리 손편지, 독서를 돕는 가이드가 찾아온다. 사전에 등록한 나의 독서 취향, 독서기록을 기반으로 추천해준다. (3개월 4만 5,000원)

★ 지식정보 서비스

- **뉴닉** 시사 현안들을 정리한 이메일을 뉴스레터 형식으로 매주 월수금 구독자들에게 발송한다. 바빠서 도저히 뉴스를 못 읽겠다는 밀레니얼 세대를 위해 시사 이슈를 대화처럼 풀어냈다. (무료)
- **어피티** 금융 정보에 집중한 뉴스레터다. 증권뉴스와 필수적인 금융경제 지식 등 실용적인 정보를 매주 2회 받아볼 수 있다. (무료)
- **퍼블리** '러닝(learning) 콘텐츠가 모여 있는 넷플릭스'를 표방한다. 모바일 앱과 웹을 통해 특별한 경험을 가진 저자들의 지식과 인사이트를 제공한다. (월 2만 1,900원)
- **폴인** 〈중앙일보〉가 론칭한 '3045' 직장인을 타깃의 지식 콘텐츠 플랫폼이다. 현장 전문가들과 함께 온·오프라인에서 직장인의 성장을 돕는 콘텐츠를 제공해오고 있다. 지금까지 총 700여 개의 스토리가 쌓였고, 28개의 온라인 스터디, 30개의 온라인 세미나가 진행되었다. (월 1만 2,800원)

★ **먹거리 서비스**

- **쏨와인** 소믈리에가 해당 계절에 가장 잘 어울리는 와인 2병을 골라 와인 설명 키트와 함께 보낸다. 와인과 어울리는 음식을 함께 배송하는 서비스도 곧 출시할 예정이다. (엔트리 레벨의 가성비 좋은 와인으로 꾸려진 '디스커버리' 박스 6만 9,000원)
- **퍼플독** 와인 1~2병이 포도 품종과 음용 온도, 어울리는 음식이 적힌 설명서와 함께 배달된다. 와인을 즐기는 데 도움이 되는 정보까지 적힌 카드가 함께 배송된다. (월 3만 9,000원부터)
- **술담화** 매달 전통주 소믈리에가 선정한 전국 각지에서 발굴한 다양한 한국 전통주 2병과 잘 어울리는 안주, 술에 대한 소개가 적힌 큐레이션 카드가 함께 온다. 경험한 전통주 중 마음에 드는 술은 회원가로 재구매도 가능하다. (월 3만 9,000원)
- **버거킹** 햄버거 프랜차이즈 최초로 '햄버거 정기 구독'을 시작했다. 매주 특정 버거 1개를 구매할 수 있는 쿠폰을 제공한다. (월 4,700원)
- **그리팅** 영양식 정기배송 서비스다. '저당식', '다이어트식', '영양식' 식단을 이틀에 한 번씩 새벽배송으로 제공한다. 고품질 영양식으로 체형 관리에 관심이 많은 젊은 층과 건강관리에 관심이 많은 장년층에게 인기다. (한 끼당 8,500원~8,900원)

★ **힐링·놀거리 서비스**

- **어니스트 플라워** 업체가 자체 기준으로 선별한 농장에서 갓 수확한 제철 꽃을 바로 보내준다. 고객이 생화, 드라이플라워, 화분형 중 하나를 선택하면 된다. 화훼 농가에 안정적인 수익을 제공해 상생하는 구조다.(제철 꽃 1종 월 1회 2만 원)

- **꾸까** 꽃 정기구독 및 당일배송 서비스를 제공한다. 계절별 가장 예쁜 꽃을 풍성한 꽃다발로 배송하며, '행복한 꽃 습관'을 선사한다. 소비자는 꾸까의 홈페이지를 통해 2주와 4주 중 꽃다발을 받기를 원하는 기간을 설정할 수 있으며 꽃다발의 사이즈는 S사이즈부터 최대 XL사이즈까지 다양하게 선택할 수 있다. (월 19,900원~34,900원)
- **마음수업 코끼리** 2019년 9월 론칭해 현재 가입자 수 22만 5,000명에 이른다. 명상 앱 가운데 매우 빠른 속도로 세를 넓혀가는 구독 서비스다. (7일 무료 체험 후 월 4,900원)
- **클래스101의 시그니처 플러스** 마술, 웹툰, 종합격투기 취미 생활을 포함해 네일 아티스트나 외식업 등 창업과 관련한 본격적인 수업도 들을 수 있다. (월 5만 9,900원)
- **하비인더박스** 세상의 다양한 취미들을 찾아보고 경험하고 싶은 이들을 위해 매월 새로운 취미를 집으로 보내주는 서비스다. 일정한 금액을 지불하면 알차게 구성된 재료들과 도구, 설명서가 제공된다. QR 코드로 볼 수 있는 튜토리얼 영상도 볼 수 있다. (24,900원부터)
- **하비풀** 온라인 취미 클래스다. 에코백, 카드 가죽지갑 만들기 같은 취미를 고르면 '취미 클래스' 키트가 한 달에 한 번 배송된다. 취미 아티스트가 자세하게 과정을 설명하는 클래스 영상으로 누구나 쉽게 취미를 즐길 수 있도록 했다. (17,500원부터)

업글인간 2.
성장하거나, 무기력하거나

밀레니얼들은 성장에 대한 열정이 있다. 틈 날 때마다 배우고 싶어 하고 경쟁력을 갖추고 인정받기 위해 쉴 틈 없이 자기계발을 하고자 한다. 유노윤호 같은 열정적인 사람들을 보며 스스로를 자책하는 한편 오히려 대충 사는 사람을 동경하기도 한다. 밀레니얼에게는 열정과 무기력이 공존한다.

시니어 스타들이 세대를 뛰어 넘고 종횡무진 활약하고 있다. 과거에는 시니어라 하면 사회 활동과는 다소 먼듯한 세대로 꼽혀왔다. 활동보다는 은퇴에 더욱 가까운듯한 느낌이었다. 그러나 이제는 시대가 달라졌다. 드라마, 영화, 예능은 물론 유튜브까지 다방면에서 활약하는 액티브 시니어 스타들의 대세 행보가 이어지고 있다. 이들은 나이는 숫자에 불과할 뿐, 누구보다 넘치는 열정으로 자신을 드러낸다. 얼마전, 유튜버로 활약 중인 '밀라논나(장명숙)'가 소개되어 화제를 모았다. 밀라논나는 1978년 이탈리아 밀라노에 유학한 최초의 한국인으로 많은 국내외 브랜드를 런칭했다. 유튜브를 통해 그녀의 남다른 패션 센스와 명언이 알려지며 최근 MZ세대들의 가장 핫한 롤모델로 꼽히고 있다. 딸의 권유로 모델 에이전시 '더쇼프로젝트' 시니어 모델에 도전하게 된 김칠두 씨는 20년 넘게 유지해 오던 장발 스타일과 서구적인 얼굴을 무기로 신인 모델에 발탁됐다. 모델을 하기 전 27년 가까이 순댓국집을 운영하던 그는 노쇠해진 몸으로 더 이상 운영이 어려워지자 장사를 접고, 오랫동안 꿈꿔왔던 모델이라는 꿈을 60대에 이루게 되었다. 그는 늦게 시작한 만큼 워킹, 포즈, 연기 수업을 받으며 연습을 게을리하지 않는다. 밀레니얼은 그들의 열정에 열광하고 응원을 보낸다.

열정부자들에 열광하다: 열정 만수르 유노윤호, 유준상

"여유는 반복된 고통을 통해 생긴다!" 반백살 아이돌, 교향곡 작곡자, 걸그룹 제작자, 뮤지컬 배우, 드라마 배우…. 모두 원조 열정부자이자 재능부자 유준상을 일컫는 단어다. 또한 '열정 만수르'로 불리는 유노윤호의 열정은 많은 사람들에게 영향을 주고 있다. 노력하는 삶이 설득력을 잃어가는 세상에서 최선을 다해 최고가 되었고, 최고이면서도 여전히 최선을 다하는 그의 모습에 대중들은 환호를 보내고 있다.

"사람 몸에서 제일 안 좋은 벌레가 뭔지 알아?

몸에 제일 안 좋은 '충'은 '대충'이라는 벌레야."

"찬물에 들어가도 3초만 지나면 적응이 되더라,

무슨 일이든 3초만 지나면 적응할 수 있다는 것을 깨달았다."

"오늘 하루를 특별히 살잖아? 그럼, 인생이 특별해져."

"나는 유노윤호다.

살아있음에 매순간 즐거움을 느낀다.

이런 역경 따위, 가볍게 뛰어넘어주지.

나는 지치지 않는, 유노윤호다."

– 유노윤호 명언

"내 안에 유노윤호 있다": 20대 커뮤니티에서 핫한 '유노윤호 세뇌법'

SNS에서 '나는 유노윤호다'란 유행어가 한때 선풍을 일으켰다. MBC 예능 프로그램 '나 혼자 산다'에서 아침에 일어나자마자 자신의 노래에 맞춰 몸이 부서질 듯 열정적으로 춤을 추고, 출연하는 프로그램마다 그가 보여주는 삶에 대한 도전의식과 열정적인 자세에서 사람들은 '나는 유노윤호다'라는 말을, 지치고 힘들 때 스스로 응원하고 힘내자는 의미로 사용하기 시작했다. SNS 이용자들은 주로 일주일을 시작하는 월요일이나 힘들고 지치는 날, 그리고 시험기간이나 야근하는 날 열정을 불어넣기 위해 '유노윤호 세뇌법'을 사용한다고 한다.

하마터면 열심히 살 뻔했다: 반反 유노윤호

한 연구에 따르면 밀레니얼 세대는 베이비붐 세대보다 정서적 고갈에 민감하게 반응하는 것으로 알려졌다. 번아웃의 큰 원인으로는 '경쟁'을 꼽는다. 밀레니얼 세대는 인터넷, SNS 등의 범용화로 더 많이, 자주 남들과 경쟁하고 비교할 수 있게 됨으로써 스트레스를 받는 상황이 더 잦아졌다. 또한 젊은이들이 우울증을 겪는 비율도, 마음의 병이 퇴사에 영향을 끼치는 비율도 높아졌다. 이에 따라 "대충 살자.", "열심히 살지 않아도 돼."라는 말들로 경쟁사회 속에서 밀레니얼은 스스로에게 위안과 위로를 하고 있는지도 모른다. 하여 '대충 살자', '이번 생은 망했어' 콘텐츠가 유행하기도 했다. 대충 살자 시리즈는 재미있는 사진과 함께 '대충 살자, OOO처럼'이란 해시태그를 다는 유머 콘텐츠다. '대충 살자, 베토벤 높은음자리표처럼'이라는 글과 함께 베토벤이 대충 그린 높은음자리표 사진을 함께 게시하는 식이다. 이들은 열심히 살아가는 것에 회의감을 느끼지만, 오히려 노력해도 안 되는 일에 상처받지 않기 위해 대충 살자를 외친다. 그렇다고 노력이 부족하거나 정신이 나약한 것이 아니라 개인의 행복에 가치를 두는 MZ세대의 생존방식 중 하나이다.

편하게, 더 편하게: 소중한 시간을 위한, 편리미엄

귀찮은 가사일 대신해드립니다: 가사 아웃소싱 서비스

밀레니얼은 소유보다 경험을 중요하게 여기는 세대다. 따라서 시간의 가치가 더욱 높아졌다. 직장생활 외에 운동이나 취미 활동, 자기계발 시간도 직장인의 자아실현에 중요한 부분이기에 이 모든 것을 하기에는 집안일은 성가시기만 하다. 보다 편리하고 프리미엄한 라이프 스타일을 추구하는 트렌드 속에 '집안일의 외주화' 서비스는 급속도로 성장하고 있다. 이 서비스들은 말하고 있다. '대신해드립니다. 당신은 더 의미 있는 일에 집중하세요!'라고.

서울 성북구의 한 원룸에서 사는 직장인 A씨는 최근 주변 권유로 청소대행 서비스를 신청했다. 퇴근 후 매일 영어학원에 다니고, 수영을 다니느라 청소나 빨래 같은 집안일에 신경 쓸 시간이 부족해서다. 회사일과 자기계발에 투자하느라 매일 늦은 밤 녹초가 되어 들어오는 A씨가 고민 끝에 결정한 것은 '가사서비스의 외주화'다. 청소와 빨래를 미루다 주말에 몰아 해치우곤 했던 A씨는 "1시간당 2만 원이지만, 별로 아깝다는 생각이 들지 않는다. 일주일에 한 번 정도 원하는 날짜와 시간을 정해 청소 도우미에게 집 안 청소와 빨래를 맡기고 있다."면서 "안정적인 수입이 생기면서 시간에 대한 가치를 다시 생각하게 됐다. 비용을 지불해서라도 개인 시간을 확보할 수 있다면 기꺼이 투자할 가치가 있다고 생각한다."고 말한다.

이처럼 집안일의 외주화가 성장한 배경으로는 이른바 '편리미엄' 트렌드가 거론된다. '편리미엄'은 《트렌드 코리아 2020》에서 소비 트렌드로 꼽은 용어로, 가격과 품질보다 시간이나 노력을 아낄 수 있는 편리함에 점수를 주는 분위기를 반영한 신조어다. 실제로 현대카드가 리서치업체 '입소스'와 가사서비스 이용 경험이 있는 20대 이상의 소비자 1,000명을 대상으로 조사한 결과 가사 서비스를 이용하는 이유로 '시간'을 들었다. 육아 서비스 이용자의 56.8%, 청소 이용자의 55.8%는 "개인 시간을 확보할 수 있다."는 점을 서비스 구매 이유로 꼽았다. 요리 · 세탁 서비스 이용자의 각각 44.3%, 58.2%는 "원하는 시간대에 배송 받을 수 있다."는 점을 이유로 들었다.

그 옷 내려놔, 빨랜 내가 해: 세탁특공대

빨래 노동에서 해방될 수 있는 모바일 세탁 서비스가 급성장하고 있다. '세탁특공대', '런드리고'가 대표적인 예다. 그중 맨 앞에 서서 시장을 이끄는 곳은 세탁특공대와 런드리고다.

'세탁은 지구를 구한다', '그 옷 내려놔. 빨랜 내가 해' 등의 슬로건과 홍보 문구가 인상적인 '세탁특공대'는 2015년 사업을 시작했다. 앱이 없어도 카카오톡, 전화 등으로 주문 가능한 진짜 모바일 세탁을 표방하며, 주문부터 배달까지 하나의 시스템으로 안전하게 관리해줄 뿐 아니라 세탁은 물론 수선까지 한 번에 진행할 수 있는 것이 장점이다. 2019년 3월 첫선을 보인 '런드리고'는 자체 개발한 스마트 빨래 수거함 '런드렛'에 세탁물을 담아 당일 밤 11시까지 맡기면 익일 밤 12시까지 하루 만에 모든 빨래를 완료해 다시 문 앞까지 배송해준다. '리화이트'는 소상공인인 동네 세탁소와 고객을 이어주는 앱으로, 리화이트 앱을 통해 고객은 이용 가능한 동네 세탁소를 확인하고 주문할 수 있으며, 세탁소는 고객의 주문 확인 및 관리가 가능하다.

▲ 비대면 세탁배달 서비스 '세탁특공대'(출처: 세탁특공대 페이스북)

당신의 소중한 시간,
조금도 헛되지 않게 해드릴게요

밀레니얼은 가치 있는 '기다림'에는 관대하지만, 시간 낭비처럼 느껴지는 기다림에는 참을성이 없다. 많은 기업들이 '기다림'을 줄여줄 수 있는 다양한 서비스를 선보이고 있으며, 피할 수 없는 기다림이라면, 발상의 전환으로 '즐거운 기다림'을 줄 수 있는 마케팅을 선보이고 있다.

줄 서서 기다리지 마세요: 비트, 맘스터치, 도미노피자

커피 전문 브랜드 달콤커피가 운영 중인 로봇카페 '비트(beat)'는 커피 수요가 급증하는 출근시간이나 점심에도 줄을 서거나 매장에서 대기할 필요가 없이 앱으로 원격 주문 및 결제, 픽업 알림이 가능한 서비스를 제공한다. 불필요한 대기 시간을 최소화 시켜줘 시간에 쫓기는 직장인들의 만족도를 높였다.

맘스터치는 공식 모바일 앱의 '맘스오더' 기능을 통해 매장 방문 전 원하는 메뉴를 원하는 시간에 맞춰 미리 주문할 수 있도록 하였으며, 탐앤탐스는 '발렛 오더(valet order)' 서비스를 론칭했다. 자동차 이용 고객이 매장 도착 전에 전용 앱인 '마이탐' 내 발렛 오더로 메뉴 주문 시, 대기 없이 차량에서 바로 픽업이 가능하다. 도착 10분 전에 메뉴를 주문하면 탐앤탐스 직원이 직접 차량으로 메뉴를 전달해준다. 도미노피자도 온라인 방문 포장 주문 시 주문자가 매장 앞에 도착해 전화하면 직원이 고객의 차량까지 직접 나와 피자를 전해주는 '도미노 드라이빙 픽업 서비스'를 운영하고 있다.

미국 LA에 있는 유니버설 스튜디오의 슈렉 놀이기구를 타기 위해 줄을 서면, 여러 가지 장치를 이용해 놀이기구에 얽힌 스토리텔링을 들려준다. "여러분, 지금 슈렉은 피오나 공주를 구하러 온 길이에요. 오, 슈렉이 소리를 치네요."라며 실제 슈렉이 소리를 지르는 음성도 함께 들려줌으로써 줄을 서는 동안 실제 영화 속 장면을 떠올릴 수 있어, 어쩔 수 없이 기다려야만 하는 시간을 즐겁게 보낼 수 있도록 했다.

너의 시간을 돈으로! 이케아 시간 보상 마케팅

"당신의 시간으로 쇼핑하세요(Buy with your time)." 이케아 두바이는 최근 제벨 알리(Jebel Ali) 매장을 오픈하면서 고객들의 시간을 돈으로 환산해주는 마케팅을 진행하고 있다. 이케아는 많은 고객들이 도심 외곽 지역에 있는 이케아 매장을 방문하기까지 많은 시간과 노력을 들이고 있다는 사실에 착안하여 이케아 매장까지 올 때 걸리는 고객의 시간을 돈으로 환산한 뒤 실제 제품을 결제할 때 사용할 수 있도록 한 것이다. 고객이 집에서 이케아 매장까지 오는데 49분이 걸리면 랙(lack) 테이블을, 1시간 55분이 걸리면 빌리(billy) 책장을, 5분이 걸리면 핫도그를 살 수 있는 가치를 되돌려 받으며, 고객들은 이를 쇼핑할 때 돈 대신 사용할 수 있다. 이케아는 "우리의 고객이 이케아 매장을 찾기 위해 들인 시간과 노력을 보상해주는 것이 옳다고 생각한다."며 "우리가 두바이 지역 커뮤니티를 매 순간 도울 수 있는 방법이라고 생각한다."고 전했다.

시간을 조금만 투자해줄래요? 복리로 갚을게요! 가시비:

TMI를 싫어하는 밀레니얼은 시간을 낭비하는 것을 싫어한다. 가정간편식으로 조리시간을 줄이고, 식기세척기, 건조기 등으로 가사에 대한 시간을 아낀 후, 그 시간으로 원데이 클래스 수업을 듣는 사람들이 많아지고 있다. 식사를 간단히 해결함으로써 시간을 벌고, 이를 취미 등 개인 활동에 투자하는 성향을 가지고 있으며, 전체를 다 보지 않아도 일부만으로 전체를 경험한 것 같은 기분과 최대의 정보를 얻기를 원한다. 시간과 노력을 줄여준다면 대가를 더 지불하더라도 편리한 상품이나 서비스를 선호하기도 한다.

내가 차렸지만, 내가 만든 건 아니야: 밀키트(HMR)

밀키트란 4세대 HMR로 '식사를 만들 수 있는 모든 편의가 갖춰져 배달되는 키트'를 뜻한다. 전자레인지에 상품을 데워먹는 일반 가정간편식과 달리 손질이 끝난 식재료와 양념이 포장된 상품으로, 동봉된 레시피 카드를 보고 15~30분 정도만 조리하면 그럴싸한 한 끼가 완성되어 빠르고 편리한 조리가 가능하다. 여기에 생선구이까지 구현해냈을 정도로 품질도 진화를 거듭하고 있다. 일부에선 HMR로 식단 균형까지 잡을 수 있다는 평가와 함께 사용자가 급속도로 늘어나고 있다.

국내 밀키트 시장 규모는 400억 원으로 추정되며, 향후 5년 내 7,000억 원에 달할 전망이다. 밀키트는 최근의 외식 트렌드인 편리미엄과도 맞물려 젊은 세대와 맞벌이 부부 등의 타깃층에 큰 인기를 얻고 있으며 특히 요리에 관심은 있으나 식재료 구입, 손질, 양념 구매 등이 비효율적이라 망설였던 1인 가구에게 편리한 식사 수단으로 주목받고 있다. 코로나19 사태 장기화로 외식 업계의 매출이 줄고 있지만 HMR 수요는 늘어 식음료업계 효자상품으로 떠오르고 있다. 또한 최근 1인 가구의 증가와 코로나19의 영향으로 외식을 기피하고 홈술을 즐기는 소비자가 늘면서 편의점에서 구입할 수 있는 소포장 안주류 간편식의 인기 또한 뜨겁다.

바쁘다 바빠: 타임푸어족을 위한 스피드 가전제품

주방 일이 익숙하지 않고 시간이 부족한 20대 자취생과 사회초년생들에게 간편한 사용법으로 시간을 절약할 수 있는 에어프라이어가 인기를 끌고 있다. 에어프라이어는 조리 중에 별다른 개입이 필요 없기 때문에 조리 시간을 개인 시간으로 활용할 수 있어 각광받고 있다. 또한 늦은 퇴근 후 빨래가 쌓였을 때 쓰러져 잘 시간도 부족한 현대인에게 빨래가 끝나기까지 기다리는 일은 쉽지 않다. 브랜드마다 잇달아 선보이고 있는 미니 드럼세탁기는 15분 만에 세탁을 완료하는 기능이 탑재되어 있어 타임푸어족의 고민을 해결해준다. 오염이 적은 소용량의 세탁물은 빠르게 세탁 가능하다. 퇴근 후 입은 옷을 벗어놓고 샤워하고 올 동안 세탁이 완료되어 일주일 내내 깨끗하고 뽀송뽀송한 옷을 입을 수 있다. 로봇청소기 또한 인공지능으로 더 강력해졌다. 스스로 실내구조를 학습해 장애물을 통과하고 퇴근하기 1~2시간 전에 예약 청소를 걸어두면 알아서 집 안 곳곳을 청소 해준다. 바닥 소재에 따라 흡입력 세기를 조절하고 물걸레질까지 해주는 로봇청소기도 나왔다.

- **구글 태스크**(Tasks) 지메일, 구글 캘린더와 연동, 별도 앱 없이 크롬에서 이용 가능
- **구글 킵**(Keep) 메모, 스크랩 위주의 기능, 스마트폰 동기화 가능, 포스트잇 형태의 카드형 메모 서비스
- **마이크로소프트 투두**(To-Do) 분더리스트의 기술력을 흡수하여 보안에 강점, 위치 기반 알림 가능
- **마이크로소프트 원노트**(OneNote) 음성이나 필기를 노트한 것처럼 저장이 가능, 실시간 저장 기능
- **에버노트**(Evernote) 자료를 저장하고 관리가 가능함. 가장 많이 쓰이는 앱. 손글씨, 공유 가능
- **애니두**(Any.do) 음성으로 할 일 추가, 태스크 공유기능으로 협업 용이
- **타르트**(Tarte) 내용을 아이콘화 하여 자동으로 분류. 해당 일정에 맞게 알람이 제공됨. 네이버 제공
- **투두이스트**(Todoist) 키보드 명령어 지원, 외부 API 지원
- **투들두**(Toodledo) 메모, 개요, 습관 관리 등 다양한 기능, 소요된 시간측정 가능. 푸시 알림기능이 있음. 틱틱(Tick Tick): 캘린더 뷰 지원, 뽀모도르 타이머 기능, 위치 기반 알림 기능
- **해비티카**(Habitica) RPG 게임과 투 두 리스트(To-do List)를 합친 어플. 게임하면서 자기계발을 할 수 있음

★ 풀필먼트 서비스

풀필먼트는 고객의 주문 처리를 일컫는 단어로, 상품의 입고, 보관, 포장, 운동, 반품 처리 등 작업과정을 통합적으로 관리하는 것을 의미한다. 풀필먼트 서비스란 물류전문 기업이 상품보관–제품선별–포장–배송–처리까지 판매자의 물류를 일괄 대행해주는 서비스를 지칭한다.

★ 햄릿 증후군

선택 상황에서 확고한 결단을 내리지 못해 뒤로 미루거나 타인에게 결정을 맡겨버리는 증상을 뜻한다. 셰익스피어의 소설 《햄릿》에서 파생된 용어로, 현대사회의 넘쳐나는 정보로 인해 자신의 판단에 확신이 없어지면서 나타나는 현상이며 밀레니얼 결정장애 세대를 일컫는 말이다.

★ 숏폼

숏폼 콘텐츠는 짧게는 15초(틱톡)에서 길게는 10분(웹드라마 · 웹예능) 길이로 제작돼 언제 어디서나 짧은 시간 안에 소비할 수 있는 콘텐츠를 말한다.

★ 업글인간

승진보다 성장을 추구하는 새로운 자기계발형 인간을 뜻한다. 즉, 타인과의 경쟁을 의식한 스펙 쌓기보다 '어제 보다 더 나은 나'를 위한 삶의 업그레이드에 주력하는 사람을 일컫는 말이다.

3.

착한 플렉스 : 컨슈머 오블리쥬

우리는 '착하다' 라는 단어가 무작정 좋은 의미로만 받아들여지지 않는 시대를 살아왔다. '착한 사람'은 타인을 배려하다가 자신의 것을 제대로 챙기지 못해, 오히려 손해보는 사람으로 받아들여지는 경우가 많았기 때문이다. 자본주의 사회 속에서 무한 경쟁이라는 극한의 현실을 살아가야 하다 보니 '착함', '선함'의 가치는 점차 빛을 잃어가는 것처럼 보이기도 한다.

그러나 소비자는 '착함'에 마음을 열기 시작했다. 도덕적이지 않거나 사회친화적이지 않은 기업에 소비자들은 스스럼없이 불매를 외치고 착한 제품과 기업에 '갓'이라는 존칭을 붙이며 아낌없이 돈을 지불한다. 개인과 단체, 기업이 만들어내는 선한 영향력을 사회에서 점차 주목하고 있는 이 시기, '착함'은 우리 사회에서 경쟁력이 되어가고 있다. 선행을 남이 모르게 하는 것이 미덕인 시대는 끝났다. 오른손이 한 일을 왼손이 알게 해야 하고 착한 사람은 강제 커밍아웃당하는 시대다.

기업이나 유명인에게는 자신만의 이익을 위한 행동이 아닌, 사회와 공공을 위한 행동이 요구된다. 이는 더 나은 사회를 만들기 위한 대중들의 기대가 반영된 것으로 보여진다. 기업이나 유명인뿐만 아니라 일반인들 역시 SNS, 유튜브 등 다양한 매체를 통해 선한 영향력을 공유, 확장시켜 나가고 있다. 선행을 더 이상 감추고 숨기며 소극적으로 하지 않고, 오히려 자랑스럽게 플렉스(Flex)하는 것이 힙한 것으로 인식되고 있다.

이러한 현상을 바탕으로 '착한 플렉스: 컨슈머 오블리쥬'를 세번째 트렌드 키워드로 선정하였다. 이 장에서는 '착함'을 마음껏 발휘하고 드러내고 뽐내어 그 영향력을 끊임없이 확산시켜 나가는 사람들과 기업들의 이야기를 다루고자 한다. 여러분이 펼치고 있는 '선한 영향력'은 무엇인지, 여러분의 기업이 펼칠 수 있는 '선한 영향력'은 무엇인지, 착함, 선함이 주는 경쟁력과 진정한 가치를 다시 한번 생각해보자.

플렉스 해버렸지 모야: 플렉스 문화

플렉스란 '돈을 쓰며 과시하다', '지르다' 등의 의미다. 미국 힙합에서 자주 사용되는 단어로, 사전적 의미로는 '(준비운동으로) 몸을 풀다', '구부리다', '팔 다리에 힘을 주다' 등의 의미가 있다. 준비운동을 하며 근육이 올라오는 것의 확장된 의미로 '자랑하다'라는 뜻을 가지게 되었는데, 힙합에서는 해당 단어를 '부와 귀중품을 자랑하다', '과시하다', '뽐내다', '존재감을 드러내다' 등의 의미로 쓰고 있다. 이 플렉스 문화는 SNS 문화와 결합되어 밀레니얼의 새로운 '자랑놀이'로 자리잡고 있다.

플렉스 문화의 확산

2006년 래퍼로 데뷔한 염따는 2018년 Mnet 예능 프로그램 '쇼미더머니8'에 출연해 고가의 물건을 자랑하며 "플렉스 해버렸지 뭐야."라고 말했는데, 국내 래퍼들이 따라 사용하면서 유행어가 됐다.

염따는 유명 동료 래퍼의 고급 차량을 들이받아 그 수리비를 마련하기 위해 판매한 티셔츠가 20억 원 어치나 팔리자, 차를 고치고도 돈이 남아 고가의 사치품 소비에 돈을 탕진하는 모습을 개인방송에 내보냈다. 그의 구독자들은 이를 보며 대리만족했고, 말도 안 되는 금액을 사치품에 쏟아부으면서 "플렉스 해버렸지 뭐야."라고 읊조리는 염따의 대사에서 플렉스라는 용어의 유행이 시작된 것이다. 이를 지켜본 20대 시청자들은 그를 시기하거나 비난하기는커녕 오히려 "더 플렉스 해보라."며 티셔츠 사주기에 열을 올렸다. 그 이후 젊은 층 사이에서 '오늘도 플렉스 했다', '플렉스 인증' 같은 말로 유행어가 된 플렉스는 최근 SNS뿐 아니라 방송 프로그램 자막으로도 자주 쓰이고, 상품 마케팅에도 적극 활용되고 있다.

이처럼 플렉스는 유튜브 문화와 결합돼 일종의 '소비놀이'로 자리 잡았다. 유튜브에서 '플렉스'로 검색하면 래퍼들이 운영하는 채널 영상과 '명품 하울'이란 제목의 영상이 여러 편 올라오는데,

'하울(haul)'이란 '물고기가 가득한 그물을 세게 끌어당기다', 또는 '큰 짐을 수레나 차로 나르다'는 의미로 명품 하울은 명품을 수십 개씩 구매한 뒤 이 제품들을 품평하는 일종의 명품 '언박싱'(박스 포장을 열어 제품을 소개하는 것)을 뜻한다. '내돈내산(내 돈 주고 내가 사서 남기는 후기)'의 신뢰도가 높아지고, 많은 경험을 축적한 전문가급 인플루언서가 많아지면서 20대의 명품 하울 인기는 날로 높아지고 있다.

플렉스는 MZ세대에게 소비문화이자 놀이문화다. 가심비만 충족해준다면 20대는 플렉스의 대상을 명품에 한정 짓지 않는다. 인스타그램에서 '플렉스', '플렉스 해버렸지 뭐야' 등의 해시태그를 검색하면 4만여 개의 게시물이 나온다. 새로 구매한 명품 세팅 컷부터 고급 레스토랑에서 밥 먹는 모습, 좋아하는 과자를 잔뜩 쟁여놓은 서랍 사진 등을 SNS에 올리고 "오늘도 플렉스 해버렸다."라고 하면서도 "거지 돼서 당분간 외출 못할 예정"이라고 자랑한다. 플렉스 소비는 인증샷을 올릴 때 비로소 마무리되며, #데일리, #플렉스, #플렉스했지뭐야 등을 해시태그하여 자신의 플렉스를 과시한다. 런던대 애드리언 펀햄 교수는 "인간은 불안할 때와 우울할 때, 화가 날 때 소비를 한다."고 지적하며 "장기불황이 이어지는 상황에서 지금의 20대들은 어떻게든 소비를 통해 마음을 달래려 한다."고 플렉스 문화를 분석하였다.

▲ 처음처럼X염따 컬레버레이션 한 염따 소주 (출처: 롯데칠성 홈페이지)

소주를 플렉스 해버렸다: 마케팅도 플렉스 하게

염따는 2020년 3월 한국힙합어워즈에서 수상한 기념으로 '처음처럼'을 마시며 라이브 방송을 했고, 해당 영상을 유튜브에 업로드했다. 이를 본 '처음처럼'의 유튜브 공식 계정은 해당 영상에 "나 진심 형 팬이야. 근데 형 한 병이 뭐야. 주소 딱 대. 조만간 축하 선물 FLEX 할게."라는 댓글을 남겼다. 며칠 뒤 처음처럼 담당자는 소주 수십 상자를 그의 집 앞으로 보냈고, 이에 SNS와 유튜브에는 재밌다는 반응이 쏟아졌다. 그렇게 해서 염따는 처음처럼과 모델 계약을 맺었다. 제품 패키지는 강렬한 볼드체로 '플렉스' 제품명을 전면에 배치해 '플렉스 문화'에 익숙한 2030 젊은 층과 공감할 수 있도록 디자인했다. 염따는 처음처럼 본사를 방문해 디자인에 직접 참여하기도 했다.

2020년 5월 1일, 발렌티노는 자사의 공식 트위터에 '모여봐요 동물의 숲' 버전 신상품을 공개했다. 모자, 티셔츠, 원피스 등은 발렌티노 공식 몰에서 판매되고 있는 제품들이었다. 게임에선 무료로 다운받을 수 있지만, 현실 티셔츠 한 장을 사기 위해선 100만 원이 넘는 금액을 지불해야 한다. 마크 제이콥스도 5월 2일 공식 인스타그램을 통해 스웨터, 원피스, 셔츠 6종을 공개했다. 심플한 스웨터와 아기자기한 공주풍 원피스가 돋보였다. 실제 구매 가격은 역시 저렴하지 않다. 현재 마크 제이콥스의 더 파운드 스웨터 제품은 정가 97만 2,000원에서 40% 할인해 58만 3,200원에 판매되고 있다.

빈티지 명품으로 #플렉스해버렸지뭐야

인스타그램에서 #플렉스를 검색하면 언박싱 영상이나 신상백 인증샷을 쉽게 찾아볼 수 있다. 여기에 맞물린 소비 트렌드가 바로 '중고 명품'이다. 소득은 높지 않지만 인스타그래머블한(인스타그램에 올리기에 적당한) 인증샷 하나쯤은 찍고 싶은 MZ세대와 트렌드세터들은 빠른 손과 매서운 눈으로 무장하고 온라인을 누비며 중고 명품을 사고판다. 판매자는 재테크의 일환으로 리셀시장에 참여한다. 일반 중고거래와 달리 리셀은 값비싼 명품이나 희소성 있는 제품을 구매해 프리미엄을 붙여 파는 거래 형태다 보니 MZ세대들에게 신종 재테크 수단으로 각광받고 있다. P씨는 "처음 샀을 때 리셀을 염두에 두고 신발에 본드(슈구)를 발라 굽이 닳지 않도록 만들었다."며 "1년 정도 착용한 구찌 신발을 거의 손해 없이 판매할 수 있었다."고 말했다. 이처럼 리셀 대상이 명품에서 한정판 스니커즈까지 확대됐고, 최근에는 스타벅스 '레디백' 같은 한정판 굿즈까지 리셀시장에 나오고 있다.

리셀시장에 뛰어드는 MZ세대들이 해마다 증가하는 추세다. 롯데멤버스가 발표한 20대 명품 소비자료에 따르면, 전체 명품 구매자 중 44.5%가 중고거래를 한 경험이 있다고 답했다. 소비자 절반가량이 거래 경험이 있는 셈이다. 리셀러 마켓은 MZ세대의 호응도가 높고, 지속가능에 대한 스토리텔링, 커뮤니티와 커머스의 융합, 경기 영향까지 맞물리며 국내서도 확장 추세다. 이에 리셀러 플랫폼이 지속적으로 늘어나고 투자 시장에서의 주목도도 높아지고 있다. 거래 채널은 온라인 커뮤니티가 51.6%로 가장 많았고, 중고거래 플랫폼 31.0%, 중고 명품 매장 29.3%로 뒤를 이었다. 글로벌 리셀시장 역시 해마다 규모가 확대되고 있다. 글로벌 컨설팅회사 베인앤드컴퍼니는 지난해 글로벌 중고 명품 시장을 해마다 15% 성장하는 유망 시장으로 분석했고, 미국 온라인 중고의류 판매업체 스레드업이 지난해 발표한 자료에 따르면 전 세계 리셀시장 규모는 2018년 기준 약 28조 원으로, 올해는 48조 원까지 확대될 것으로 내다봤다. 이런 흐름을 타고 미국의 대표적인 중고 명품 거래 플랫폼 '더 리얼리얼'은 나스닥에 상장할 만큼 규모를 키웠다. 서용구 숙명여대 경영학과 교수는 "기성세대가 아파트 투자로 재미를 봤듯 젊은 세대는 자신들에게 친숙한 명품을 리셀해 재미를 보고 재테크가 가능하다는 장점 때문에 앞으로도 시장 규모는 커질 가능성이 크다."고 말했다.

"날 위해 탕진했어" 플렉스 하는 자린고비

MZ세대는 신상 명품 구매를 위해 줄을 서거나 이를 인증하는 사진을 찍어 개인 SNS에 게시한다. 끼니는 삼각김밥 등 간편하고 저렴한 식사로 대체하고, 평소 입는 옷은 온라인몰에서 쿠폰과 포인트를 긁어모아 최대한 저렴하게 구매한다. 하지만 리미티드 에디션(한정판) 운동화나 사고 싶은 명품 의류, 가방, 차, 가구나 프리미엄 가전에는 과감하게 지갑을 연다. 2019년 1월 오프화이트가 출시한 한정판 운동화를 사기 위해 백화점 밖에 수백 명의 대기 줄이 늘어선 건 유명한 일화다.

그렇다고 플렉스를 즐기는 이들이 모두 부자인 건 아니다. 악착같이 돈을 모아 점 찍어둔 목표물에만 조준 사격하듯 지갑을 여는 경우도 많다. 플렉스와 소확행의 공존이다. 플렉스는 매일 할 수 있는 이벤트가 아니다. '플렉스 해버렸지 뭐야'를 위해서는 일상에서의 소소한 행복을 추구하며 견뎌내야만 한다. 그래서 맛있는 떡볶이가 플렉스 소비를 위한 버팀목이 되기도 한다.

나 대신 플렉스 해줘 : 대리만족을 주는, 하울

명품을 구매하고 나면 언박싱 영상을 촬영하기도 한다. 언박싱은 이들의 명품 소비를 단적으로 설명하는 키워드로도 볼 수 있다. 일반적으로 '리뷰'가 기능적인 측면을 품평하는 데 무게를 싣는다면, '언박싱'은 명품의 포장상자를 보여주는 순간조차 품평의 일부가 된다. '나를 위해' 혹은 '행복하기 위해' 소비한다는 밀레니얼 세대는 SNS에 구매 인증을 함으로써 값비싼 소비를 완성하는 셈이다. 30대 직장인 L씨는 "퇴근 후 1~2시간 정도 유튜브를 시청하는데 요즘은 플렉스가 대세인 것 같다."며 "플렉스, 언박싱과 관련한 영상을 보면 마치 내가 구입한 제품을 뜯는 것처럼 희열을 느끼기도 하고, 대리만족도 느낀다."고 말했다.

플렉스와 언박싱이 합쳐진 이른바 '명품 하울'을 검색하면 엄청난 양의 게시물들을 볼 수 있다. 기존의 '명품 언박싱'(명품 개봉기)과 차이가 있다면, 명품을 적게는 몇백만 원부터 많게는 수천만 원어치 대량 구매한 뒤 한꺼번에 개봉해 품평한다는 점이다. '헤이즐', '아옳이', '한별' 등 유명 뷰티·패션 인플루언서의 채널마다 명품 하울 영상이 높은 조회 수를 기록하고 있다. 뷰티 유튜버 레나는 국내에서 거의 처음 하울 영상을 찍었다. 레나의 '명품 하울' 영상은 300만 회(2020년 7월 20일 기준)를 넘었다. 댓글은 1만개가 넘게 달렸다. 레나가 비슷한 시기에 올린 메이크업 영상이 40만 회에서 60만 회 정도인 것과 비교해보면 명품 하울 영상에 대한 관심도를 알 수 있다. 영상에는 레나가 구입한 명품 제품을 개봉하는 모습이 담겼다. 구찌, 펜디, 지방시 등 명품 제품을 쇼핑백부터 차근차근 보여준다. 현재는 댓글이 차단되어 있지만, 당시 1만 개가 넘는 댓글 가운데 "대리 만족이 된다."는 의견이 가장 많았다. 현실적으로 사기 힘든 고가 제품 개봉 과정을 보며 즐거움을 준다는 것이다.

자신을 대학생이라고 밝힌 유튜브 이용자 H씨는 "100만 원이 넘는 명품 티셔츠를 살 생각도 없고 살 형편도 안 된다."며 "내가 못 사는 대신 영상을 보며 대리만족을 느낀다."고 말했다. 직장인 C씨도 마찬가지다. "평범한 직장인이 수백만 원에 달하는 명품을 사는 건 쉽지 않다."며 "명품 '하울' 영상을 보면 쇼핑백부터 시작해서 제품을 개봉하는 과정을 자세히 보여주기 때문에 마치 내가 물건을 사는 것과 비슷한 느낌을 얻을 수 있는 것 같다."

고 전했다. 직장인 L씨는 "명품을 실제로 구입하기 전에 명품 하울 영상을 보는 게 도움이 된다. 영상으로 가방 안 쪽을 보여 준다거나 옷의 안감을 보여주는 등 제품에 대한 정보를 제공해 도움이 된다."고 했다.

명품 하울 영상을 올리는 유튜버들도 '상대적 박탈감' 부분을 조심스러워 한다. 레나는 영상에서 "거대한 쇼핑 하울은 예전부터 찍고 싶었다. 근데 혹시나 불편하게 생각하시는 분들이 계실 수도 있고 욕을 먹을 수도 있고 해서. 안 찍고 있었는데 오늘은 그냥 찍어봤다."고 했다. 그는 "왜냐하면 이런 영상들도 굉장히 좋아해주시고, 대리만족 된다고 좋아해주시는 분들도 계셔서 찍었다."고 덧붙였다. 유튜버 한별도 마찬가지로 유튜브에 명품 하울 영상을 올리며 "제 의도와는 다르게 명품 경쟁 콘텐츠가 될까봐 걱정"이라고 말했다. 그는 "이 영상은 제가 산 제품을 자랑하는 것이지, 돈 자랑하는 것이 아니다."라며 "대리만족하고 힐링하는 즐거운 시간 되셨으면 한다."고 했다.

이런 플렉스 칭찬해:
재능도 플렉스 하게 기부한다.

모델 한혜진은 코로나19의 여파로 취소된 서울 패션 위크를 위해 발 벗고 나섰다. F/W 시즌을 위해 디자이너들이 오랜 시간

▲ 페이커가 진행한 개인 방송에서 자발적인 도네이션이 진행 중인 상황 (출처: 흥나는컹컹이님 롤 게임)

준비했지만, 빛을 보지 못한 옷들을 위해 재능 기부의 한 형태로 '디지털 런웨이-100벌 챌린지'를 기획한 것이다. 무모한 도전에 대한 주변의 만류에도 불구하고 그녀는 직접 디자이너들에게 서신을 보내 섭외를 진행하는가 하면, 무대 장비까지 사비로 준비하며 직업적인 사명감을 불태웠다. 이어 그녀는 스타일링과 무대 동선, BGM까지 꼼꼼하게 체크하며 프로 정신을 뽐냈다. 그녀는 이번 기회를 통해 직업적인 책임감으로 수많은 사람들에게 도움의 손길을 건네며 큰 감동을 안겼을 뿐만 아니라, 패션 업계를 한 단계 성장시켰다는 평가도 받고 있다.

2019년 12월 12일 SBS 예능 프로그램 '맛남의 광장'에서 백종원은 강릉 못난이 감자로 고민인 농민들을 만난 뒤 그들의 고민을 해결하기 위해 신세계 정용진 부회장에게 전화를 했다. 정용진 부회장은 “한번 힘써보겠다. 고객들에게 잘 알려서 제값 받고 팔 수 있게끔 하겠다.”며 제안을 흔쾌히 수락했고, 실제로 2주 뒤 전국 이마트에 ‘맛남의 광장’ 코너에서 못난이 감자를 판매하기 시작했으며, 놀랍게도 완판되었다. 백종원은 또한 농수산물에 대한 젊은 사람들의 관심을 높이기 위해 네이버 한성숙 대표에게도 협업을 제안했고, 한성숙 대표는 “사실 당사도 농산물 알리기에 같은 고민을 하고 있었다.”며, “다양한 캠페인 및 프로그램을 진행하겠다.”고 대답하며 협업제안을 긍정적으로 받아들였다.

T1의 미드 라이너 ‘페이커’ 이상혁은 지난 3월 10일 밤 진행된 개인 방송을 통해 기부에 대한 생각을 전하는 과정에서 스웨그 넘치는 발언을 해서 화제를 모았다.

페이커의 소속팀인 T1은 페이커가 3월 5일 사회복지공동모금 사랑의 열매에 코로나19로 어려움을 겪고 있는 분들을 위해 써달라며 3,000만 원을 기부했다고 밝혔으며, 또 SNS를 통해 이번 주에 진행되는 소속 선수들의 모든 스트리밍 방송 중에 팬들이 제공하는 도네이션을 코로나19 확산 방지를 위해 기부하기로 결정했다고 밝히기도 하였다. 팀의 공식 발표가 나간 뒤 트위치를 통해 페이커가 진행한 개인 방송에서 팬들의 도네이션이 빗발쳤고, 페이커는 팬들의 도네이션을 읽는 내내 “감사하다.”는 뜻을 표하던 중 “여러분들! 기부도 좋지만 맛있는 것도 사먹으세요. 기부는 저처럼 돈 많은 사람들이 많이 하면 됩니다.”라는 스웨그 넘치는 발언을 해서 더욱 화제가 되었다.

개인에서 기업으로: 착한 기업, 착한 플렉스

밀레니얼은 스스로 옳다고 느끼는 일에는 누구보다 앞장서서 행동하고, 내가 가치 있다고 생각하는 것에는 주저 없이 움직인다. MZ세대는 SNS에 익숙한 세대다. 올바름에 대한 기준을 가지고 있으며 SNS를 통해 좋은 것은 널리 퍼트리고, 안 좋은 것은 직설적으로 응징한다. 밀레니얼 세대의 정신적 가치 추구 현상은 자신의 삶을 돌아보며 삶의 의미와 목적을 찾는 삶의 방식으로 드러나고 있다. 또한, 이타적 행위로 인한 정서적 만족감, 타인에게 보여지는 자아 이미지 등의 가치를 함께 구매한다. 착한 플렉스를 직간접적으로 실천하는 MZ세대는 진정성을 가지고 '선한 영향력을 전파하는 기업'에 호응하며 움직인다.

MZ세대가 자신의 불편함과 손해를 감수하면서까지 비합리적인 선택을 하는 배경에는, 그동안 기업들이 맹목적으로 이윤을 추구하면서 야기한 환경오염, 빈부격차, 갑질, 노동착취, 특권의식 등의 각종 사회적 문제를 적극적으로 개선하려는 의지가 깔려있다. 이들이 '착한 기업'에 적극적으로 지갑을 여는 이유다.

내가 가진 영향력을 선한 방향으로: 선한 플렉스, 컨슈머 오블리쥬

가치 있게 돈을 쓰는 것이 미덕인 시대다. 소비자는 상품을 고를 때 가격과 질은 물론이고 생산자의 철학까지도 염두하며 고른다. 어느샌가 '비싼 브랜드가 좋은 물건을 만든다'는 논리 대신 '좋은 생산자가 좋은 물건을 만들어 낸다'라는 소비 논리가 탄생했고, 이는 기존의 소비 패턴을 바꾸어 놓았다. 그리고 이러한 소비 패턴은 역발상적으로 기업의 상품의 생산 과정은 물론이거니와 기업의 철학을 결정하는 데 중요한 토대가 되었다.

기업, 유명인, 개인이 선한 영향력을 실행하고 적극적으로 공유하면서 더 나은 사회를 만들어 가는 현상을 컨슈머 오블리쥬(Consumer Oblige)라고 한다. 상품 자체가 아닌 그 상품을 만드는 기업이 사회적 책임을 지는 좋은 기업인지를 따지고 소비에 반영하는 행동으로, 좋은 기업의 상품을 사는 것을 멋진 일로 나쁜 기업의 상품을 사는 것을 부끄러운 일로 여긴다. 소수의 권력층만이 아니라 모든 시민들이 보편적인 도덕적 의무를 자발적으로 행하는 시대가 된 것이다. 개인의 소비가 단순히 개인을 위한 것만이 아니라, 사회 전반을 움직이는 힘이 되고 그 결과 기업도 함께 움직이고 있다.

나의 소비가 남을 해치지 않도록: 크루얼티 프리

밀레니얼 소비자는 기업이 던져준 상품을 수동적으로 구매하는 사람들이 아니라 자신의 소비가 남을 해치지 않도록 정보를 공유하고 기업의 변화를 요구하면서 적극적으로 소비한다. 물론 각자의 취향과 라이프 스타일이 소비 행위에 있어서 가장 중요한 요소로 작용하는 건 여전하지만, 밀레니얼은 자신의 소비가 미치는 영향과 사회적 가치까지도 고려하게 되었다. 사회적 책임을 다하는 기업의 물건을 의식적으로 소비하는 것을 '멋진 소비'로 생각하고, 논란을 일으킨 기업의 제품을 사는 것을 부끄럽게 여기기도 한다.

이런 밀레니얼 세대를 중심으로 윤리소비를 중시하는 흐름이 확대되면서 '비건 화장품', '비건 식품'이 뜨고 있다. 비건 화장품, '크루얼티 프리(cruelty-free)'는 동물실험을 거치지 않고 동물성 원료를 사용하지 않는 제품을 말한다.

크루얼티 프리의 대표적 제품은 화장품으로, 제조과정에서 동물 실험을 하지 않을 뿐만 아니라 어떠한 동물 성분도 포함하지 않는다. 패션 역시 크루얼티 프리 이슈의 영향을 받는 분야로, 모피 불매 운동이나 인조 모피 구매를 확산하는 등으로 이어지고 있으며, 화장품, 패션 외에도 다양한 영역으로 영향을 미치고 있다. 구찌, 프라다, 샤넬 등 최고급 소재를 추구하던 해외 럭셔리 브랜드들 역시 퍼 프리(fur-free)를 선언한 지 오래다.

동물의 가죽이나 털을 주된 소재로 삼던 겨울 아웃도어 시장 역시 변화하는 추세다. '책임 있는 다운 기준', 즉 RDS(Responsible Down Standard) 인증 다운을 적용한 신상품 역시 눈에 띄게 늘었다. 이 기준은 오리와 거위의 사육 과정에서 복지를 보장하고 깃털 채취나 도축 시 고통을 주지 않았음을 인증한다. 동물의 털, 가죽 등이 우리의 것이 아니라는 의미의 브랜드 명을 사용한 비건 패션 브랜드 '낫 아워스(NOT OURS)'는 모피, 가죽, 깃털 등 의류에서 흔히 사용하는 소재뿐 아니라, 조개껍질과 소뿔 등 의류의 단추에 쓰이는 소재까지 모든 동물성 소재를 금지한 패션 제품을 선보였다. 라이프웨어 '나우'는 '리사이클 다운 컬렉션'에서 비인도적인 깃털 채취 없이 이불이나 베개 등 재생 가능한 침구류에서 모은 다운을 엄격한 품질 관리하에 재가공한 보온 충전재를 사용해 주목받았다.

디자이너 스텔라 맥카트니는 2020 F/W 컬렉션에서 크루얼티 프리를 강조하기 위해 동물 탈을 쓴 모델들을 런웨이에 세워

◀ (좌)동물실험을 거치지 않고 동물성 원료를 사용하지 않는 화장품이라는 '크루얼티 프리' 인증 마크 (출처: @tapasnews)
▶ (우)동물 실험 반대를 재치있게 표현 한 스텔라 맥카트니 2020 F/W 패션쇼 (출처: 스텔라 맥카트니 2020 F/W 컬렉션)

재치 있고 간결하게 메시지를 전했다. 해당 컬렉션 제품들은 이전보다 비건 가죽의 비중이 높아졌으며, 자체 개발한 비동물성 소재들을 적극 활용했다. 특히 버섯의 균사체로 만든 100% 식물성 가죽을 사용한 아이템도 눈길을 끌었다.

예쁜 쓰레기는 NO! 지속 가능한 예쁨: '제로 웨이스트'

세계은행에 따르면 전 세계인의 하루 평균 쓰레기 배출량은 0.74kg이며, 고소득자의 경우 쓰레기 배출량이 평균보다 약 3배나 많다고 한다. 로이터통신은 코로나19 여파로 일회용품과 마스크 사용이 폭증하며 태국 방콕에서만 쓰레기 배출량이 전년 대비 62% 늘었다고 분석했다. 일상생활에서 사용하는 모든 자원과 제품을 되도록이면 재활용 가능하도록 고안해 최종으로 쓰레기 배출을 최소화하자는 삶의 태도는 어제 오늘 일이 아니라, 이제는 하나의 사회운동으로 뿌리내리고 있다.

환경을 위한 대표적인 운동인 '제로 웨이스트(Zero-Waste)'는 현재 세계의 산업과 일상을 바꿔놓고 있다. 제로 웨이스트는 일상에서 배출되는 쓰레기를 최소화하고 어쩔 수 없는 부분은 재활용을 하자는 취지를 가지고 있다. 제로 웨이스트 운동의 하나인 '프리사이클링(Pre-cycling)'은 물건을 구매하기 전에 미리 환경을 생각하는 것으로, 애초에 쓰레기를 만들지 않는 소비를 하는 것을 뜻한다. 예를 들어 카페에 머그잔이나 텀블러를 들고 가 일회용 컵과 빨대의 사용을 줄이는 것, 마트에 장바구니를 들고 가 일회용 비닐의 사용을 줄이는 것, 식품을 살 때 미리 용기를 가져가 불필요한 포장을 줄이는 것 등이 프리사이클링을 실천하는 방법이다. 소비자들의 이런 움직임에 기업들도 제품의 포장을 최대한 줄이거나 포장재를 친환경적인 소재로 바꾸는 등 변화를 보이고 있다.

러쉬코리아는 일회용 쓰레기로부터 지구를 보호하자는 메시지를 담은 환경 캠페인 '고 네이키드(Go naked) 2020'을 실시했는데, 사회적 거리 두기 행동 지침에 따라 '디지털 행진'으로 러쉬 코리아 홈페이지에서 진행됐다. '플라스틱 쓰레기 줄이기' 동참의 의미를 담아 생성된 아바타는 총 5,309개로 하루에 1,000명이 넘는 이들이 캠페인에 참여했다. 특히 러쉬코리아 브랜드 팬 클럽 젤러쉬의 활약이 눈에 띄었다. 지난 3월부터 활동을 시작한 '젤러쉬 4기' 100명 모두가 캠페인에 동참했다. 그들은 자발적으로 캠페인을 공유하고 메시지를 전하며 브랜드 팬의 파급력을 보여줬다. 한편, 창립 때부터 환경 문제를 고심한 러쉬는 포장을 없앤 고체 '네이키드(naked)' 제품을 선보이고 있다. 포장이 필요한 액상 제품은 재활용한 용기를 사용한다. 또한, 일회용 포장지의 대안으로 천 포장재 '낫랩(knot wrap)'이나 버려진 일회용 커피 컵을 재활용한 박스, 100% 생분해성 수지로 제작한 봉투를 제작하고 있다.

서울 상도동에 위치한 제로 웨이스트 샵 '지구'에서는 식료품을 비롯한 다양한 에코 제품을 구입할 수 있다. 그중에서도 시중에서 플라스틱 용기에 담아 판매하는 샴푸와 주방 세제, 폼 클렌징을 비누 형태로 만든 제품이 인기다. 화학 성분이 없는 천연 재료로 만들어 다 쓴 후에도 쓰레기가 나오지 않는다. 불필요한 포장을 없애기 위해, 구입한 물건은 종이에 담고 철심이 필요 없는 스테이플러로 밀봉해 준다.

소비자가 앞장서서 칭찬하고 알려주는 #착한기업

요즘 소비자들은 기업이 적극적인 마케팅을 하지 않았음에도 불구하고 사회적 책임을 잘 수행하는 기업의 활동들을 직접 찾아내어 해당 기업의 물건을 구매하고 '착한 기업'임을 앞장서서 알려주며 홍보한다. 이는 기업의 작은 행동 하나하나가 인터넷 및 SNS를 통해 쉽게 노출되는 세상에서 기업이 더 선한 행동을 하도록 장려하는 기능을 한다.

의견 표출을 어려워하던 기성세대와 달리, '나'의 뜻을 소비로 드러내는 데 주저함이 없다. 무언가를 잘못해서 공격받는 기업들이 워낙 많으니, 오히려 착한 기업들을 발견하면 적극적으로 홍보해주고 칭찬해주는 문화가 생긴 것이다.

'착한 기업' 연관어를 살펴보면 주로 LG, 유한양행, 오뚜기 등 유명 기업들이 자주 노출되는데, 이들은 사회적 환원을 지속적으로 하는 기업이다. MZ세대는 마트에서 '갓뚜기' 라면을 고른다. 오뚜기는 시식 판매 직원도 정규직으로 고용한다고 했기 때문이다. '갑질 논란'이 있었던 남양유업의 유제품은 먹지 않는다. 대신 가맹점과의 상생 원칙을 지킨다는 이디야 커피를 마신다. 사회적 신념을 패션 소품에 투영하기도 한다. 한 켤레의 신발을 구매할 때마다 아프리카 어린이에게 신발을 선물한다는 탐스 슈즈를 신는 것도 그 예다. 어차피 소비를 할 것이라면, 가치에 맞거나 사회에 의미 있는 소비를 하는 것이 바람직하다고 판단하는 것이다.

또한, 네티즌들은 '독립군'들의 든든한 자금줄이 되어준 자랑스러운 기업들을 찾아내 '독립운동 후원 기업 명단'을 작성하여 SNS로 확산하고 있다. 이를 본 사람들은 '역시 가전은 LG', '이제 교보 애용한다'라는 반응을 보이며, 착한 기업들의 제품을 사용하고자 하는 의지를 보이고 있다. 동화약품은 1920년대에 독립운동을 지원했다고 밝혀졌다. 동화약품의 본사 '서울연통부'는 1920년에 상하이 임시정부의 연락책으로 쓰이기도 했고, 동화약품의 민강 사장은 독립운동에 연루돼 두 번의 옥고 끝에 숨을 거두었다.

유한양행 창업자인 유일한 박사는 독립을 위한 자금을 마련하고자 1926년 유한양행을 설립했다. 그는 우리나라 광복 촉성을 위한 '해외 한족 대회'의 집행위원으로 활약했으며, 1946년에는 미국에서 항일무장독립군 창설을 주도하였다. 또한 돈이 없어 공부를 못하는 아이들을 위하여 유한교육신탁기금을 만들어 학생들에게 장학금을 주기도 했다. LG그룹의 구인회 창업회장은 1942년 7월 독립운동가인 백산 안희제 선생의 부탁에 중경임시정부 독립운동 자금으로 흔쾌히 1만 원을 지원했다.

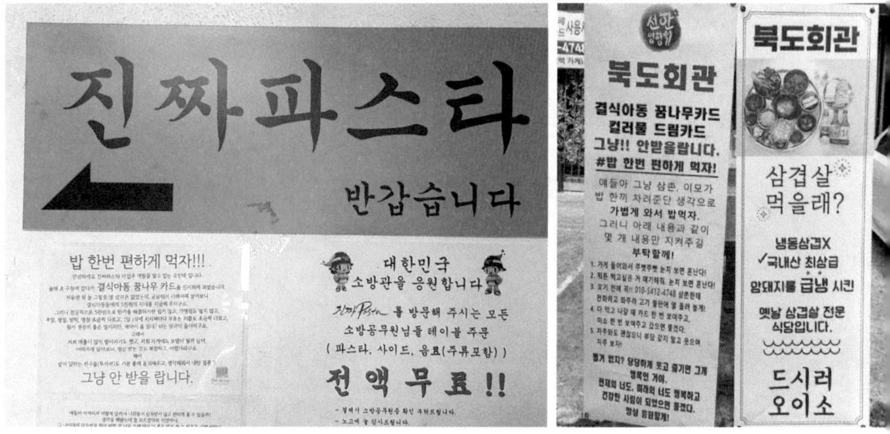

◀ (좌)원조 선한 영향력의 주인공인 홍대 '진짜파스타' (출처: 루리웹)
▶ (우)결식아동에게 무한 삼겹살 제공하는 '북도회관'(출처:북도회관 인스타그램)

마, 이게 바로 진정한 플렉스다!
돈쭐내는 소비 문화 확산

'선한 영향력' 캠페인의 시작이라고 할 수 있는 홍대에 위치한 '진짜파스타'의 오인태 씨는 평소 결식아동들이 꿈나무 급식카드로 식사하는 것에 대한 불편함을 인지하고, "꿈나무 카드를 받으려고 알아보니 정산받는 것도 복잡하고 어렵더라. 그래서 그냥 안 받기로 했다."며 결식아동들이 '꿈나무 카드'를 보여주기만 하면 식사를 무료로 제공하겠다고 선언하는 글을 진짜파스타 공식 트위터에 게재하였다.

대구의 스테이크 가게 '선서인더가든'은 최근 코로나19 사태로 인해 고생하는 동산병원 의료진들에게 매일 150인분이 넘는 스테이크 도시락을 무료로 기부했다. 실제로 각종 기부, 기탁 소식이 전해지자 대구시민들은 '여기 어딘가요? 돈쭐내러 가야겠어요', '코로나만 끝나봐라, 돈쭐낼 테다' 등 댓글이 쏟아졌다.

'혼쭐나다'는 원래 의미와 달리 '돈쭐나다'는, 정의로운 일을 해 다른 사람의 본보기로 삼을 만한 자영업자의 물건을 팔아줘 돈을 더 벌게 하자는 역설적 의미로 쓰인다. 실제로 코로나19로 선행을 베푼 가게 자영업자들의 기부나 기탁 소식을 듣고, 지역민들이 감동스런 마음에 가게 상품을 적극적으로 팔아주자고 나섰다. 실제 소비자들의 방문과 배달 주문이 잇따르자 기부에 나선 자영업자들은 의도치 않게 돈쭐을 당하고(?) 있는 것이다. 지역주민들이 SNS를 통해 #돈쭐, #돈쭐내주어야합니다를 태그해 인증 사진과 함께 올리는 글들이 폭주하고, 배달 어플에도 '이런 곳은 돈쭐내야 해!', '갓물주님, 돈쭐내러 왔습니다', '돈쭐내려고 시켰다' 등 댓글이 속속 달렸다.

명륜진사갈비를 운영하는 명륜당은 코로나19로 직격탄을 맞은 가맹점주들를 위해 전국 522곳 가맹점의 한달 임대료 전액을 지원했다. 점포별 임대료는 최대 1,690만 원으로 총액이 무려 23억 원이다. 이에 감동한 가맹점주들은 인하된 임대료로 3,700만 원(3,750인분, 1,250㎏) 상당의 갈비를 부산 아동 보호 시설 25곳에 전달했다. 진짜파스타, 명륜진사갈비 등의 선행을 안

네티즌들은 '돈쭐나야 할 곳' 이라며 선행 기업 리스트를 만들어 SNS로 확산시키는 것으로 선한 가치를 알리고 있다.

왼손이 하는 일을 오른손도 알게 하라: 의미의 가치를 알리다

왼손이 하는 일을 오른손이 모르게 하는 시대는 끝났다. 밀레니얼은 사소한 것까지 공유하기를 원한다. 특히 내가 한 '착한 일'은 누구보다 빠르게 다른 사람들이 알게 해서 '좋아요'가 더 많이 눌러지고 더 많은 댓글로 나를 칭찬하기를 원한다. 윤리소비, 가치소비 등 '의미'를 소비하기 시작했다. 기업들은 이러한 밀레니얼의 특성을 파악하여 다양한 마케팅 방식을 활용하고 있다.

기업은 '이윤'을 목적으로 움직인다. 하지만 최근에는 기업이 추구하는 이윤의 개념이 보다 사회적으로 변화하고 있다. 사회구성원의 하나로 사회의 복지 향상에 책임을 다하는 사회적 책임(CSR)의 중요성이 강조되고 있다. 물론 이 역시 장기적으로는 기업의 지속적 이윤 창출을 위한 것이겠지만, 이 기업이 얼마나 진정성이 있는지, 그리고 어디에 자신들의 지갑을 열어야 할지 소비자는 안다. 그래서 기업들은 영리활동과 사회적 활동이 결합된 형태의 마케팅을 진행하여 구매를 기부활동과 연결시키고 있다.

소비자에게 '명분'을 주며 지갑을 열게 하는 마케팅 전략이 확산되고 있는 것이다. 기업이 제품 판매 수익의 일부를 기부하거나, 소비자의 이벤트 참여 등에 따라 기부금을 적립하는 방식으로 소비자와 쌍방향으로 소통하는 형태로 진행되는데, 이는 '코즈 마케팅'이라고 불린다. 소비자 입장에선 자연스럽게 소비와 동시에 기부에 참여를 할 수 있게 된다는 것이 특징이며, 기업들도 소비자들에게 긍정적인 이미지를 높일 수 있고 이는 매출 상승으로 이어진다.

대표적인 코즈마케팅 1. 베리 굿 매너 캠페인

'베리 굿 매너(very good manners) 캠페인'은 결식아동들에게 따뜻한 음식을 제공하기 위한 색다른 기부 캠페인이다. 식사 후, 포크와 나이프를 적십자 마크처럼 십자 모양으로 놓으면 계산 시 아이들의 한 끼 식사비용을 적십자에 기부할 의사가 있음을 표시하는 것이다. 폴란드의 몇몇 레스토랑에서 시작된 베리 굿 매너 프로젝트는 1주일 만에 30여 개의 레스토랑이 참여의사를 밝혔으며, 500만 명 이상의 폴란드 사람들에게 전파됐다. 매일 펼쳐지는 일상을 기부와 연결함으로써 자발적 참여가 이뤄지는 기부문화를 만들어낸 것이다. 기업의 사회적 활동이 기존의 일방적 기부를 넘어 고객과 함께하는 기부 형태로 진화했음을 보여주는 좋은 사례가 됐을 뿐만 아니라 고객과의 공감대 형성에도 큰 역할을 했다.

대표적인 코즈마케팅 2. 켈로그

농심켈로그는 지난 2017년부터 매년 세계 식량의 날마다 11번가, G마켓 등 온라인 쇼핑몰을 통해 10만 명의 어린이들에게 건강한 한 끼 식사를 제공하는 사회공헌 캠페인을 진행한다. 이뿐 만이 아니라 글로벌 켈로그는 성장기 어린이들의 건강한 식습관 형성을 지원하기 위해 2011년 '어린이의 아침 식사를 도와주세요(Help give a child a breakfast)' 캠페인을 전개한 바 있다. 캠페인 기간 동안 판매된 콘푸로스트 700만여 개의 판매 수익의 일부를 조식 지원 사업에 기부했다.

대표적인 코즈마케팅 3. 매칭그랜트

소비자와 유통사, 제조사 3자가 함께하는 방식의 기부 캠페인으로, 전국 보광훼미리마트에서 판매되는 미네워터를 구입하는 소비자들 중 기부를 희망하는 소비자들은 기존의 미네워터 가격에 100원을 덧붙여 계산하면, 소비자가 100원을 기부할 때마다 CJ제일제당과 보광훼미리마트도 각각 100원씩 추가 기부하여, 1병당 총 300원의 기부금액이 모아지게 되는 방식이다.

2013년 11월 출범한 '포스코1%나눔재단'은 2011년 10월부터 포스코 임원과 부장급 이상 임직원이 급여의 1%를 기부하기 시작했다. 포스코는 나눔을 실천하는 임직원의 소중한 마음에 함께하고자 임직원이 기부한 금액과 동일한 금액을 기부(matching grant)하기로 결정하고, 성금을 더욱 의미 있게 쓰기 위해 포스코

1%나눔재단을 설립했다. 포스코1%나눔재단은 연간 100억 원 내외가 모금되고 있다. 2019년 한 해 동안 1%나눔재단에 월급여 기부뿐 아니라 사외강연료, 포상금, 공연수익금 등을 개인적으로 기부한 직원들의 특별 기부금만도 1억 원이 넘는다.

벌보다는 상, 불매는 적극적으로

소비자들은 친환경적 제품, 윤리적 생산, 수익금 기부 등 마케팅적 활동보다 평소 기업의 전반적인 경영 태도에 더 많은 영향을 받는 것으로 나타났다. 기업의 나쁜 행동에 대한 연령별 적극성을 조사한 질문에서, 만 20~59세 소비자들은 기업의 나쁜 행동에 대해 '벌'을 주는 것(36.7%)보다, 기업이 좋은 행동을 했을 때 '상'을 주는 것(47.8%)에 더 적극적인 것으로 나타났다. 20~50대 소비자들의 적극성을 조사하였을 때, 36.7%가 '나는 기업의 나쁜 행동에 대해 벌을 줘야 한다고 생각한다'고 말했고, 47.8%가 '나는 기업이 좋은 행동을 했을 때 상을 줘야 한다고 생각한다'고 말했다.

20대가 50대 대비 더 예민하게 반응하는 이슈는 '성추행, 성폭행 등 성 관련 이슈'와 '동물실험 이슈'인 것으로 나타났다. 전 연령대에서는 '비위생적, 비윤리적 생산을 통한 소비자 기만'이

불매의 가장 큰 이유로 나타났으며, 2위는 '친일 행동', 3위는 '협력업체 갑질이었다. 또한 불매하는 브랜드나 기업이 있느냐는 질문에는 36.7%가 '그렇다'로 답했다. 소비자들이 브랜드를 선택할 때 가장 많이 고려하는 부분은 '착한 기업 또는 갑질 기업 등 브랜드 이미지'이며, 선호하는 기업은 '창업자, 경영자의 선한 경영 철학', '세금을 잘 내며 투명한 경영 유지', '협력업체와 상생', '친환경 제품 생산 및 사용' 등의 특징을 가진 것으로 나타났다. '사회와 환경에 긍정적인 영향을 미치는 기업의 제품과 서비스에 추가 비용을 지불할 의향이 있는가?'라는 질문에 15~20세의 72%가, 21~34세의 73%가, 35~49세의 62%가, 50~64세의 51%가 '그렇다'고 대답했다.

좋은 일은 우리 모두 함께해요: 착한 공헌

세계적인 아웃도어 의류업체인 파타고니아는 지구 환경에 지대한 관심을 가진 기업으로, 생산, 판매하는 제품이 환경에 미치는 영향을 최소화해야 한다는 게 회사의 비전이다. 파타고니아는 원단의 생산과 제품 입고 단계까지 생기는 오염과 쓰레기는 물론이고, 사용되는 에너지까지 기록된 보고서를 웹사이트를 통해 매년 공개하고 있다. 또한, 의류 생산, 가공, 유통 과정에서의 환경지수를 측정해 발표하는 '지속가능한 의류연합'과 매출의 1%를 환경단체에 기부하는 기업들의 모임인 '지구를 위한 1% 프로그램'을 주도적으로 만들었다. 실제로 전 세계 각 지사가 적자를 기록한 해에도 1% 기부 원칙을 지키고 있다. 국내에서는 지리산 지역의 야생 곰을 보호하기 위해 주민과 함께 올가미 제거 캠페인을 실시하는 '반달곰의 친구들'과 플라스틱 제로 캠페인을 전개하는 '녹색소비자연대' 등 총 22개의 환경 단체를 지원하고 있다.

팔찌를 사면 독도협회에 구매자의 이름으로 기부까지 되는 팔찌도 있다. 라이카코리아에서 출시한 이 팔찌는 '빼앗긴 나라를 되찾기 위해 한쪽 팔을 잃으면서까지 외쳤던 대한독립만세'라는 메시지와 함께 윤형숙 열사 이야기를 담았다. 여기에 '태극기 팬던트'도 함께 출시해 독도팔찌에 의미와 멋을 더했다.

우리는 함께합니다:
착한 경영

이디야 커피는 '가맹점주가 살아야 본사도 산다'라는 상생경영 철학을 고수해온 것으로 유명하다. 이디야는 2018년 한 해 동안만 100억 원 규모의 가맹점 상생 정책을 실천했다. 매장 임대료 등 가맹점주들의 고정비 상승 부담을 줄이기 위해 공급 물품 가격을 인하했으며, 1회용 컵 억제 정책이 시작되자 가맹점의 부담을 줄이기 위해 5억 원 상당의 다회용 머그컵을 전국에 공급했다. 또한, 고객을 대상으로 하는 모든 마케팅 비용을 본사에서 전액 부담해오고 있다. 멤버스 앱 고객 프로모션 비용, SNS 마케팅, PPL, 가맹점 홍보물까지 모든 마케팅 비용을 본사에서 부담한다.

무신사는 신진 브랜드에 생산 자금부터 마케팅, 판매에 이르기까지 전방위적 지원을 하는 '동반성장 프로젝트'를 진행하며 중소 규모 브랜드의 성장을 함께 도모하고 있다. '브랜드 룩북 제작 지원 사업'을 통해 중소기업이 부담 없이 다양한 콘텐츠의 시즌 룩북을 제작할 수 있도록 하고, 신진 디자이너 오디션 프로그램 '무신사 넥스트 제너레이션(MNG)'을 통해 선발된 팀에게 '무신사 스튜디오' 입주와 무신사 입점 혜택을 제공하고 있다. 이렇게 무신사는 신진 브랜드와 온라인 기반 브랜드에게 등용문, 인큐베이팅의 장으로 자리 잡음과 동시에 고객에게는 다양한 브랜드의 콘텐츠를 제공하고 있다.

마켓컬리는 직사입 유통구조를 통해 공급사의 재고 부담을 덜고 입점 및 제품 테스트를 위한 비용을 직접 부담하고 있다. 공급사와의 상생경영을 위해서다. 테스팅을 위한 모든 제품의 비용을 직접 부담하며, MD의 경우 단순히 제품을 소싱하는 역할을 넘어 브랜드 매니저로서 공급사의 제품 브랜딩에 도움을 주며 지속가능한 성장을 돕는다는 취지다. 그 결과 마켓컬리에 입점한 약 1,000여 개 공급사의 매출은 지난 3년간 연평균 93% 이상 성장했으며, 상위 5개사의 경우 3년간 약 500%의 높은 매출 증가

폭을 보이는 등 파트너와의 긴밀한 네트워크는 물론, 성공적인 상생협력 체계를 구축한 것으로 나타났다.

착하게 만들게요: 착한 제품, 착한 가격

햇반 저단백밥은 단백질 함유량을 일반 햇반의 10% 수준으로 낮춘 제품이다. 페닐케톤뇨증(PKU, 단백질이 함유된 음식을 마음껏 먹을 수 없는 희귀질환자) 등 선천성 대사질환을 앓는 이들을 위해 CJ제일제당은 지난 2009년부터 이 제품을 지속적으로 생산하고 있다. 매일유업은 지난 1999년부터 희귀병인 '선천성 대사이상 질환(inborn error of metabolism, 선천적인 효소이상 또는 단백질 구조이상 때문에 물질대사가 잘 되지 않는 질환)'을 앓는 환아들을 위해 앱솔루트 '특수분유'를 제조하는 사업을 이어오고 있다. 김정완 매일유업 회장의 부친인 고(故) 김복용 매일유업 창업주의 '단 한 명의 아이도 소외받아서는 안 된다'는 뜻을 이어 선천성 대사이상 질환 환아들이 소외받지 않도록 남다른 관심을 쏟고 있는 것이다. 이 둘은 모두 소비층이 한정되어 있어 수익성을 기대하고 생산하진 않는다. 오로지 사회공헌의 목적으로 만들어지는 것들이다.

이런 기업의 선행은 MZ세대가 실천하고 있는 윤리적 소비와 맞물려 자연스럽게 홍보가 이루어진다. 최근 한 트위터리안이 올린 분유 관련 게시물이 2.5만회 리트윗되며 실시간트위터에 올랐는데 매일유업의 특수분유에 관련된 내용이었다. 묵묵히 소비자를 위한 선행을 베풀고 있는 기업들에게 MZ세대 또한 자발적인 홍보요원이 되어 소리 없이 응원의 물결을 만든다.

★ 플렉스

원래는 1990년대 미국 힙합 문화에서 래퍼들이 자신이 가진 부(富)나 귀중품을 뽐내는 모습에서 '과시하다', '존재감을 드러내다' 등으로 사용했다. 1992년 흑인 래퍼 아이스큐브가 처음 플렉스라는 말을 가사에 썼고, 이후 일상에서 자주 사용됐다. 플렉스는 SNS 문화와 결합되어 밀레니얼의 새로운 '자랑놀이'로 자리 잡고 있다.

★ 크루얼티 프리

밀레니얼의 소비 트렌드 중 하나로, 크루얼티 프리란 단어 그대로 '학대(cruelty)가 없는(free)' 것을 뜻한다. '동물실험을 하지 않은' 혹은 '동물성 성분을 함유하지 않은' 제품을 입고 먹고 쓰는 것으로, 단순한 채식주의를 넘어서는 확장된 소비윤리 개념이다.

★ 돈쭐

'돈쭐'은 '돈'+'혼쭐'이 합쳐져 만들어진 신조어다. 혼쭐은 자신이 어떤 잘못을 했을 때 그에 대한 응징이라면 '돈쭐'은 좋은 일을 했을 때 그 행동에 대한 보상을 의미하는데, '돈으로 혼쭐을 내주겠다'는 의미다.

아무노래나 일단 틀어:
챌린지 문화

요즘 밀레니얼들은 사회적기업이나 비영리기구에 주목하며, 사회공헌이나 윤리경영에도 관심이 많다. 회사업무에 지쳐 있지만 마음 한구석에는 어려운 이웃을 위해 해줄 수 있는 일들을 찾는다. 매월 월급에서 자동이체하는 식으로 의무감으로 하는 기부 말고, 재미있고 의미 있는 선행을 하기를 원한다. 챌린지 문화는 재미와 의미 두 마리 토끼를 모두 잡으며 밀레니얼에게 즐거운 선행 방법을 제시한다.

아이스버킷 챌린지
#ICEBUCKETCHALLENGE

챌린지는 단순히 놀이만을 위해 시작한 것이 아니라, 공익(公益)을 위한다는 의도에서 출발했다.

챌린지의 원조인 '아이스버킷 챌린지'는 흔히 '루게릭병'으로 알려진 근위축성측색경화증(ALS)에 대한 관심 환기와 기금 마련을 위해 미국 ALS협회가 시작했다. 루게릭 환자들이 겪는 근육 수축 통증을 잠시나마 느껴본다는 의미에서 차가운 얼음물이 담긴 양동이를 24시간 내에 뒤집어쓰거나 100달러를 ALS협회에 기부하고, 도전을 이어갈 3명을 지목하는 방식이다. 유명 인사들이 기꺼이 참여하면서 아이스버킷 챌린지는 세계적으로 화제가 됐다. 사회적 이슈에 동참하는 '미닝아웃(meaning out)' 트렌드와 SNS 인증 트렌드가 맞아떨어져, ALS협회는 1억 달러(약 1,200억 원)가 넘는 기금을 모았다.

기존의 사회공헌 캠페인이나 기부 행위는 우리 사회를 위해 변화를 이끌어간다는 도덕적 우월감을 바탕으로 진행되어 왔지만, 대중 속으로 깊이 들어가지는 못했다. 하지만 아이스버킷 챌린지는 '놀이로서 기부 행위'가 가능함을 확인시켜줬고, 대중과 호흡하는 데 뭔가 새로운 게 필요하다는 메시지를 던져주었다.

챌린지 마케팅 성공하고 싶다면: M.A.D.E

고객의 직접적 참여를 이끌어내는 '고객 참여형 마케팅', 이른바 '챌린지 마케팅'은 쉽고 유쾌한 것을 따라하고, SNS를 통해 자랑하고 싶어하는 젊은 세대의 특징을 이용해 제품 홍보를 할 수 있다는 점에서 효과적인 마케팅 기법이다.

'#아무노래댄스챌린지'는 지코가 신곡을 발표한 뒤 노래에 맞춰 흥겹게 춤을 추는 영상을 선보인 후 이효리, 청하, 마마무의 화사, 소녀시대 티파니, 크러쉬, 송민호 등 가수들이 춤을 따라 추는 영상이 이어졌다. 정유미, 박신혜, 진선규 등 연기자들까지 잇따라 도전하면서 더욱 큰 관심을 모았으며, 이들의 춤 동영상은 각종 SNS를 타고 삽시간으로 퍼져나갔다. 해외 팬들까지 호기심을 드러내며 따라 하기에 나섰다. 특히 어플리케이션 틱톡의 인기와 맞물리며 폭발력을 발휘했다.

이런 챌린지의 즐거움에 원래의 사회적 의미가 더해져 이를 착한 마케팅으로 사용하는 사례가 늘고 있다. 챌린지 성공에는 아래 4가지 공통 법칙 M.A.D.E가 있다.

① Mission: 세상에 기여할 수 있는 과제 주기

사람들은 기부나 봉사 등을 통해서 세상에 기여하고 싶어 하지만, 바쁜 현대인들이 실제로 기부나 봉사를 실천에 옮기기는 쉽지 않다. 이러한 심리를 잘 파악하여 동기 유발을 하는 것이 중요하다.

② Action: 쉽고 재미있게 실행하기

기업들이 진행하는 소비자 참여형 캠페인들이 대부분 실패하는 이유는 콜 투 액션(call to action)이 어렵거나 재미없기 때문이다. 아이스버킷 챌린지의 '기부 or 얼음물(action)' & '지인 3명 지목(call)'처럼 쉽고 재미있는 과제를 부여해야 한다.

③ Diffusion: 바이럴 효과로 확산시키기

만약 아이스버킷 챌린지가 3명이 아닌 1명만 지명하는 형태로 진행되었다면 그렇게 무서운 속도로 전 세계에 확산될 수 있었을까? 이처럼 많은 사람의 참여를 불러일으킬 수 있는 구조를 고안해야 한다.

④ Encouragement: SNS 참여 활동 독려하기

아이스버킷 챌린지는 소비자들의 페이스북, 트위터, 유튜브, 인스타그램 등 본인이 평소 지인들과 교류하는 소셜 미디어에서 본인의 계정에 직접 영상을 업로드하도록 했다. 즉, 자신이 챌린지에 참여한 포스팅에 '좋아요'를 눌러주고 응원의 댓글이 달리고, 참여자를 공개적으로 지명할 수 있었기 때문에 성공할 수 있었다.

▲ 덕분에 챌린지 인증 모습 (출처:연합뉴스)

코로나19가 만든 사회적 챌린지 1.
#덕분에 챌린지

'덕분에 챌린지'는 존경과 자부심 등을 뜻하는 수어 동작(왼쪽 손바닥을 아래로 펴 받친 채 오른쪽 엄지손가락을 치켜드는 동작)을 사진이나 영상에 담아 SNS에 올리고 이후 참여할 3명을 지목하는 형식의 국민 참여형 응원 릴레이 캠페인이다. 2020년 4월, 중앙재난안전대책본부가 코로나19 환자 진료에 힘쓰는 의료진을 응원하기 위해 시작해 연예계에 가장 먼저 확산됐다.

코로나19 방역 현장의 최일선에서 헌신하고 있는 의료진을 응원하기 위해 2020년 4월 16일부터 시작한 '덕분에 챌린지'에는 5월 27일 기준 4만여 명이 참여했다. 인스타그램을 검색해

보면(2020년 7월 기준) '#덕분에챌린지' 3만 3,242건, '#덕분에캠페인' 1만 6,411건, '#의료진덕분에' 2만 5,021건, '#thankstochallenge' 2,291건이 집계됐다.

수많은 배우와 가수, 예능인들이 의료인의 헌신과 노고에 감사를 표했다. 현재는 연예인들의 인증 행렬과 열띤 해시태그로 국내외 팬클럽을 중심으로 비연예인 사이에서도 유행처럼 번지고 있다. 기업에서는 기부 형태로 캠페인에 동참하고 있다. 공공기관에서는 기관의 특성을 보여주는 단체 퍼포먼스나 장비 등을 활용해 수어 동작을 표현하는 등 규모감 있게 캠페인에 참여하고 있다.

코로나19가 만든 사회적 챌린지 2.
#스테이 앳 홈

축구 선수들 사이에선 요즘 '스테이 앳 홈 챌린지(Stay at home challenge)'에 참여하는 게 유행이다. 손을 씻은 직후 20초간 축구공을 떨어뜨리지 않고 리프팅(위로 차올리는 것)하는 영상을 인스타그램이나 유튜브 계정에 올리는 방식이다. 해당 영상엔 '#StayAtHomeChallenge'라는 해시태그를 달아야 한다. 코로나19 예방을 위해 손을 자주 씻고, 비누칠한 뒤 20초 이상 문질러야 한다는 사실을 홍보할 목적으로 시작된 온라인 이벤트인데 스타 플레이어들이 적극적으로 참여한 덕분에 전 세계 스포츠팬들의 인기를 끌고 있다. 창의적인 변형도 눈에 띈다. 잉글랜드 프로축구 아스널의 미드필더 그라니트 샤카는 발 대신 머리로 공을 튕겼다. 잉글랜드 맨체스터 유나이티드의 브루노 페르난데스는 축구공 대신 두루마리 휴지로 리프팅을 했다.

스포츠 스타의 영상을 본 일반인들이 스타의 동작을 따라 하거나, 자신만의 방식으로 동참하면서 스테이 앳 홈 챌린지가 코로나 팬데믹 시대의 새로운 '방구석 놀이 문화'로 자리 잡는 분위기다.

1+1= ∞: 릴레이 선행 챌린지

2019년 1월 방송된 SBS 예능 프로그램 '집사부일체'에서 사부 션을 만난 멤버들이 연탄 봉사활동, 대한민국 1도 올리기 등을 통해 나눔의 행복을 체험하였다. 값진 하루를 보낸 멤버들은 사부가 시작했던 '아이스버킷 챌린지'에서 영감을 얻어 선행으로 행복을 이어나가기 위한 새로운 캠페인인 '집사부 챌린지'를 기획하였다. 참여 방법은 작은 선행을 실천한 뒤 '집사부일체'를 뜻하는 손 동작과 함께 찍은 사진 또는 영상 인증샷을 '#집사부챌린지' 해시태그와 함께 SNS에 올리는 것이다. 소소한 집안일 하기부터 거리의 쓰레기 줍기, 지인을 돕거나 경비 아저씨에게 핫팩 선물하기, 헌혈, 기부를 하는 모습 등 수많은 누리꾼들이 저마다의 선행을 실천한 뒤 SNS에 '#집사부챌린지' 해시태그와 함께 프로그램을 뜻하는 집 모양의 손 포즈로 인증샷을 남겼다. 집사부챌린지는 국내 시청자들은 물론 외국인들도 챌린지에 참여하며 확산되었다.

'동물 없는 동물원'은 SK텔레콤이 2019년 8월 사람과 동물이 공존하는 사회 분위기 조성과 동물 보호에 대한 대중의 인식을 높이기 위해 시행한 온라인 캠페인이다. 동물과 함께 찍은 사진을 개인 SNS에 공유할 때 '#동물하트챌린지'와 '#동물없는동물원' 등 해시태그를 남기면 되는 간편한 방식으로 진행됐다. 그 결과 인스타그램에서 시행한 '동물 없는 동물원 해시태그 릴레이 이벤트'에는 2만 3,000명이 참여했다. 특히 연예인과 스포츠 스타 70여 명도 취지에 동감해 자발적으로 참여하며 따뜻한 사회적 반향을 일으켰다. 유튜브에 게재한 야생동물 보호 관련 캠페인 영상도 조회 수 295만 회 이상을 달성했다. SK텔레콤 관계자는 "정보통신기술(ICT)이 자연을 지킬 수 있다는 진정성 있는 캠페인 영상과 함께 SNS를 통해 개인이 간편하고 재미있게 캠페인에 동참할 수 있도록 구성했다. 대중의 야생동물에 대한 관심을 환기시키고 따뜻한 사회적 반향을 일으킨 점이 좋은 평가를 받았다."고 말했다.

나도 할래요 착한 소비

코로나19로 인한 릴레이 선행도 눈에 띈다. '플라워버킷 챌린지' 캠페인은 코로나19 영향으로 입학식, 졸업식 등 각종 행사가 줄줄이 취소되며 침체기에 빠진 화훼농가를 지원하기 위해 지난 2월부터 시작됐다. 루게릭병 환자들에 대한 관심을 불러일으키고 기부금을 모으기 위해 시작된 아이스버킷 챌린지처럼 참여한 유명 인사가 다음 캠페인에 동참할 사람을 지목하는 형태로 진행되었고, 이는 '부케 챌린지'라고도 불렸다.

'착한 소비자운동'은 지역상권 내 음식점, 카페 등 소상공인, 자영업 업소에 선결제를 하고 재방문을 약속하는 것으로, 지자체와 기업 등에서도 이를 적극 활용하고 있다. 서울의 한 자치구는 착한 결제 인증샷을 남기고 다음 주자를 지목하는 릴레이를 벌이는가 하면, 부산의 한 자치구에서는 선결제 영수증을 주민센터에 가지고 가면 손 소독제와 마스크를 주는 행사를 전개하기도 했다.

PART 2

팔딱이는 트렌드 뒤에는 이들이 있었다!

브랜드 담당자가 전하는 생생한 스토리

집에 대한 인식과 라이프 스타일에 대한 변화
김고운, '오늘의집' 버킷플레이스 마케팅 총괄

압도적 쓱케일! 코로나 이후 MZ세대는 무엇을 사고 보는가
곽나래, SSG닷컴 기획자

라이프온투게더, 1인 가구의 새로운 주거 트렌드
노재훈, 패스트파이브 팀장

행동하는 개인이 모여 사회를 움직인다
육심나, 카카오 소셜임팩트 이사

선한 영향력의 시대, 홀로 성장하는 시대는 끝났다
이소영, 마이크로소프트 이사

개인의 즐거움과 함께 사회 환원의 길을 걷다
구기향, 라이엇 게임즈 사회 환원 사업 총괄

MZ세대가 용돈을 모아 가구를 사는 이유

김고운, 오늘의집 마케팅 총괄

저는 오늘의집에서 마케팅을 총괄하고 있는 김고운이라고 합니다. 오늘의집 서비스를 이용하면서 오늘의집 매력에 푹 빠져 이직을 결심했어요. 오늘의집에서 마케팅을 한 지는 이제 1년 반 정도 되었습니다.

"누구나 예쁜 집에 살 수 있어!"

저희 회사의 사명은 '버킷플레이스'입니다. '버킷 리스트'와 '플레이스'를 합친 말로, 내가 꿈꾸는 공간을 만들어간다는 의미죠. 그런데 서비스를 출시하면서 좀더 쉽고 직관적인 이름, 그리고 오늘 내가 살고 있는 소중한 집의 모습을 담아 가는 공간이라는 의미로 '오늘의집'으로 서비스의 이름을 지었어요.

오늘의집은 '누구나 예쁜 집에 살 수 있게 한다'는 미션을 가지고 서비스를 운영하고 있습니다. 미션의 '누구나'라는 말 안에는 함축적인 의미가 담겨 있어요. 돈과 시간이 부족해도, 작은 집에 살고 있어도, 지식과 경험이 없어도, 인테리어 감각이라곤 없는 '똥손'이라도, '누구나' 쉽고 예쁘게 집을 꾸미고 살 수 있도록 오늘의집은 여러 가지 서비스를 운영하고 있어요.

오늘의집은 앱과 웹사이트를 같이 운영하고 있습니다. 많은 사용자들이 만들어 올리는 인테리어 콘텐츠를 베이스로 서비스를 시작했는데요. 처음에는 인테리어 콘텐츠 안에 있는 제품들의 정보를 하나씩 태그만 하는 방식이었어요. 그러다가 '스토어' 서비스를 시작해 제품들을 판매하는 비즈니스를 시작했고요. 그리고 지금은 리모델링과 같은 큰 공사를 위해 오프라인 시공 전문가를 온라인으로 연결하는 서비스도 함께하고 있습니다. 그러니까 현재 오늘의집은 인테리어의 모든 과정을 한곳에서 할 수 있는 '원스톱 인테리어 플랫폼'이라고 할 수 있습니다.

오늘의집은 대한민국 인테리어 산업에서 새로운 역사를 써 가고 있어요. 2020년 5월 말 기준, 업계 최초로 누적 앱 다운로드 수 1,000만을 돌파했는데, TV CF 없이 스타트업 앱이 이룩한 큰 성과라고 저희는 생각하고 있어요. 최근 오늘의집 스토어를 통해 입점된 상품 누적 거래액이 6,000억 원을 돌파해 전년 대비 4.7배의 폭풍 성장을 이뤄냈고, 사용자들이 올려준 인테리어 사

'오늘의집 앱을 다운받은
다음 게임을 접었다'
'침대에 누워 오늘의집과 함께
시간을 보내는 게 힐링이다'
'큰 집이든 작은 집이든
자기만의 공간을 예쁘게 꾸민
모습을 보기만 해도 행복해진다'
이런 글들을 보면 MZ세대는
대리만족을 통해
로망을 가진다는 걸 알 수 있어요.

례가 310만 건으로 업계에서 가장 많은 보유량을 자랑하고 있어요.

오늘의집은 2013년에 시작해, 2016년에 스토어를 오픈했고요. 2018년부터 빠르게 성장해 올해 3월에 월 거래액 700억 원을 돌파했습니다.

트렌드 변화와 함께 성장하다: 집 머물기<집 꾸미기<방 꾸미기

오늘의집은 리빙, 라이프스타일 트렌드의 변화와 함께 성장해왔어요. 2018년 상반기까지는 'YOLO'가 트렌드였죠. 한 번을 살아도 제대로 살고 싶은 분들, 지금 이 순간에 충실한 분들이 '방 꾸미기'에 집중할 때였어요. 큰 공간이나 집이 아니라 내가 살고 있는 내 방을 꾸미는 것이 중심일 때였죠. 이때는 자취방을 꾸미는 2024세대가 오늘의집의 주 고객이었습니다.

그러다가 2018년, 저희가 큰 성장을 이루던 시점에는 '주 40시간'이 트렌드에 크게 영향을 주었어요. 대기업들이 주 40시간 근무를 하기 시작하면서 여가시간에 '집 꾸미기'를 하는 사람들이 많아졌습니다. 동시에 부동산이 폭등한 것도 영향을 끼쳤는데, 집값이 너무 올라가니까 지금 내가 살고 있는 집의 공간이라도 예쁘게 꾸미고 살아야겠다는 생각을 많이들 하게 된 거죠. 이 시기에는 2534세대가 오늘의집의 압도적인 메인 사용자였고요, 1인 가구나 신혼부부가 많았습니다.

그리고 올해 가파른 성장을 하고 있는데, '언택드'로 인해 사람들이 집에 머무는 시간이 많아지는 것을 넘어서 외부에서 할 일조차도 집에서 하게 되면서 '집 머물기' 트렌드가 형성되었어요. 지금도 여전히 2534세대가 타깃층이긴 하지만 35세 이상 40대 분들이 굉장히 많아지고 있어요. 2019년 12월만 해도 2534세대의 비중이 50%, 35세 이상이 24%였지만, 2020년 3월에는 2534세대가 43%, 35세 이상이 35%로 늘어났습니다.

후기들을 보면, '재택근무 중이라 집을 일하기 좋게 바꾸었어요', '코로나로 못 나가서 집을 휴양지로 꾸몄어요', '외출 금지 때문에 취미가 집 꾸미기밖에 없어요'와 같은 이야기들이 많아요. 그래서 저희도 집 꾸미기와 집콕 라이프를 잘할 수 있는 방법에 대해 커뮤니케이션을 많이 강화하고 있습니다.

집 꾸미는 니즈를 자극: 대리만족과 로망을 극대화하기

오늘의집이 트렌드를 어떻게 마케팅에 활용해 성장을 이뤘는지 3가지로 정리해보겠습니다.

첫 번째는, 사람들의 욕망을 자극하는 콘텐츠로 대리만족과 로망에 대한 자극을 극대화하려고 했어요. MZ세대는 소유보다는 접속을 통해 경험과 사용을 획득하는 세대라고 하죠. 이것이 실제로 구현된 게 '온라인 집들이', '브이로그', '룸 투어'라고 생각해요.

남의 집을 보는 게 뭐가 행복할까, 저는 처음에 이해가 잘 안 되었어요. 그래서 유튜브 채널을 통해 구독자 분들께 룸 투어를 보는 이유에 대해 설문 조사를 해봤어요. '인테리어 정보를 얻기 위해서'라는 답이 61%로 예상 가능한 답변이었는데, 놀랍게도 두 번째로 많이 선택한 답이 '예쁘게 꾸며 진 집을 보면서 대리만족을 하려고'였어요. 31%나 됐죠.

대리만족과 관련된 리뷰도 많이 발견할 수 있어요. '오늘의집 앱을 다운받은 다음 게임을 접었다', '침대에 누워 오늘의집과 함께 시간을 보내는 게 힐링이다', '큰 집이든 작은 집이든 관계없이 자기만의 공간을 예쁘게 꾸미고 사는 모습을 보기만 해도 행복해진다'. 이런 글들을 보면 MZ세대는 대리만족을 통해 '나도 그렇게 살고 싶다'는 로망을 계속 가진다는 걸 알 수 있어요.

MZ세대의 이러한 특징을 마케팅에 활용하는 첫 단계는, 사람들의 집 이미지를 최대한 많이 모으는 거였어요. 오늘의집 서비스 가운데 '집들이'라는 코너는 하나의 집 전체를 소개하는 거라 약간은 무거운 콘텐츠거든요. 그래서 일반 사용자들도 각자 집에서 작은 공간 한 군데를 찍어서 올릴 수 있도록 '사진' 탭을 별도로 만들었어요. 그리고 개인의 프로필 닉네임을 만들고 미니

홈피처럼 공간을 만들어 커뮤니티화했어요. 사진이나 댓글을 올릴 때 포인트를 주는 등 리워드도 만들었고요. 인스타그램에 예쁜 집을 올렸을 때는 인테리어에 관심이 없는 사람들한테까지 공감대를 얻기가 힘들잖아요. 그런데 오늘의집은 비슷한 관심사를 가진 사람들이 모여 있는 공간이다 보니 서로 인정받기 위해 사용자들의 활발하게 '사진' 탭을 이용하더라구요.

또한 인스타그램이 사진에 가장 최적화 된 채널이기 때문에 인스타그램 계정의 팔로워를 키우는 데 공을 많이 들였어요. 사용자들의 집 사진 가운데 베스트 컷들을 가져와 인스타그램 아이디를 태그해 소개했고, 제품 태그 기능을 통해 사진을 클릭을 하면 오늘의집이 아니라 사용자의 인스타그램으로 보내줬어요. 그러니까 사용자들이 더 자발적으로 콘텐츠를 올리기 시작했습니다.

두 번째 단계는 UGC(User Generated Contents, 소비자 생산 콘텐츠)를 광고 소재로 활용해 집 꾸미기 로망을 자극하는 퍼포먼스 마케팅을 하는 거예요. 스튜디오에 가서 광고 촬영을 제대로 하는 건 복잡하고 공수가 많이 들기도 하지만, 실제 사용자의 집과 같은 자극을 주기도 힘들죠. 내가 살고 싶은 집, 나도 따라하고 싶은 욕구를 자극하는 것이 중요했어요. 유튜버와 협업할 때 유튜버의 집을 따라하고 싶도록 작업하는 것도 같은 맥락입니다.

세 번째 단계는 '오늘의집에 실린다=예쁜 집'이라는 인정 요구를 자극하는 마케팅이에요. 오늘의집 사용자들에게 유튜브에서 실버 버튼이나 골드 버튼을 받을 때와 같은 느낌을 줄 수 있는 방법을 계속 고민했어요. 그러다가 작년 말에 오프라인으로 《Dear, House》를 출간해 1년 동안 오늘의집에 소개된 사례 가운데 제일 예쁜 100개의 집을 소개했어요. 책 출간을 위해 텀블벅에서 펀딩을 했는데, 오픈 후 2시간이 안 돼서 500권이 마감되었어요. 다음 날 500권 더 추가한 것도 바로 마감됐고요. 중고나라에서 이 책을 구매할 수 있는지 물어보는 분들이 있을 정도로 인기가 있었어요. 집이 소개된 사용자가 본인의 포스팅에 자랑스럽게 올려주면서 한 번 더 바이럴이 되는 선순환 구조가 만들어지고 있고요. 이 책에 실리는 것 자체를 영광스럽게 생각할 수 있도록 시리즈물로 계속 출간할 계획입니다.

발견의 재미를 제공: 가심비에 가성비까지 확실한 큐레이션

오늘의집이 마케팅에 활용한 두 번째 트렌드는 '가심비'였어요. '마음의 만족'을 따지는 소비패턴인 가심비에 충실하면서도 가성비까지 확실한 큐레이션으로 타깃들의 실질적인 소비를 유도하려고 했습니다.

우선, 적은 비용을 들여 확연하게 달라진 비포와 애프터로 '소확행'을 만드는 법을 알려주는 커뮤니케이션을 많이 했어요. 적은 돈으로 예쁘게 꾸밀 수 있는 팁을 제공했는데, 특히 'N만 원으로 비포와 애프터'를 많이 진행했습니다. 대부분 사용자들의 집에서 크게 제작비를 들이지 않고 작업을 했어요. 다만 소재가 진부해지지 않도록 많이 신경 썼어요.

또 전세나 월세에 살면서 집을 꾸밀 수 있는 팁을 제공했어요. 집주인의 허락 없이 눈치 보지 않고 할 수 있는 다양한 인테리어를 단계별로 소개했는데요. 이런 양질의 정보들에는 네이버 검색만으로는 얻기 어려운 전문적인 내용들도 들어 있어서, 사용자들이 오늘의집을 사용해야 할 이유를 제공할 수 있었죠.

한편으로 인테리어 포인트를 직접적으로 자극하는 콘텐츠를 만들기도 했어요. '체리색 몰딩 어떻게 하나요?'라는 질문이 많아서, 간단한 인테리어로 해결할 수 있는 영상을 만들어 사용자를 획득하기도 했고요. 스탠드와 책꽂이를 이용해 5만 원으로 투룸 같은 원룸을 만드는 방법, 큰 예산을 들이지 않고 식물 한두 가지로 집이 화사해지는 방법 등 예산은 저렴하지만 '오늘의집'스러운 고급 인테리어로 타깃들이 좋아할 만한 큐레이션을 했습니다.

복잡하지 않은 구매 과정:
쇼퍼블 콘텐츠

세 번째는 복잡하거나 불편하지 않고 편리한 구매 과정을 추구하는 '쇼퍼블 콘텐츠' 트렌드에 주목하는 거였어요. 푸들이 지

▲ 사용자들이 필요로 하는 주제의 큐레이션 팁 (출처: 오늘의집 제공)

능이 높은데도 탐지견 활동을 못하는 이유는 귀찮은 걸 절대 하기 싫어하는 특성 때문이래요. 지금 MZ세대가 딱 푸들과 같다고 해요. 저조차도 네이버 페이로 결제가 되지 않는 쇼핑몰은 이용하지 않거든요. 그래서 오늘의집에서는 콘텐츠 내에서 제품 태그로 바로 구매가 가능하도록 서비스하고 있어요.

오늘의집 '집들이' 카테고리에 들어가보면 인테리어 사진에 제품 태그들이 달려있어요. 이 제품 태그를 누르면 상품 상세 페이지로 연결되어 사용자들이 편안하게 구매할 수 있습니다. 여기에 더해 상품 상세 페이지 상단에 보통 볼 수 있는 딱딱한 상품 이미지 대신 사용자들의 스타일링샷 후기들을 올렸어요. 마샬 스피커만 해도 스타일링샷 후기가 1,500개가 넘어요. 사람들은 상품 설명에서 스피커의 복잡한 기능을 보는 게 아니라 다른 집들에 스피커가 놓여 있는 모습을 보고 우리 집에 두면 예쁘겠다는 걸 확인하고 사는 거죠.

구매 전환이 잘 일어나도록 하는 사진에 제품 태그는 저희가 인스타그램보다 훨씬 먼저 활용했어요. 쇼퍼블 콘텐츠의 핵심은 'ㅈㅂㅈㅇ(정보좀요)'라는 댓글을 MZ세대가 달 필요가 없다는 데 있어요. 원하는 스타일의 사진과 제품 정보를 바로 볼 수 있으니까요. 거기다 클릭만 하면 구매까지 한 번에 할 수 있고요.

이렇게 MZ세대의 성향에 딱 맞는 서비스를 제공하다 보니 사용자들의 자발적인 후기가 엄청 많아요. 후기 하나를 소개하자면, '이 앱을 우연히 깔고 제 생활이 달라졌어요. 그동안 블로그 주인장들이 자랑만 하고 구매좌표를 안 알려주면 정보를 찾아 사는 데까지 시간이 걸렸는데, 여기는 태그가 걸려 있어서 누르면 스토어로 연결되니까 구매 버튼을 클릭만 하면 돼서 신세계! 가격도 경쟁력 있고요. 요즘 오늘의집에서 구매 많이 해요. 감사합니다!'라고 합니다.

오늘의집은 저희 서비스에 입점된 상품만 제품 태그를 하는 게 아니라 입점 되지 않은 제품도 태그해서 아웃링크로 타 사이트에 내보내고 있어요. 이 부분은 사실 저희 내부에서도 굉장히 중요한 의사결정이었어요. 여기에는 돈을 버는 것보다 사용자의 편의가 중요하다는 저희 회사의 비즈니스 철학이 담겨 있습니다.

▲ 제품 태그를 누르면 상품 상세 페이지로 연결된다 (출처: 오늘의집 제공)

그리고 한 가지 더 말씀드리면, 저희는 오늘의집의 차별성이 콘텐츠에서 나온다는 사실을 잊지 않으려고 해요. 그래서 외부 마케팅 때는 콘텐츠와 커머스를 접목하는 커뮤니케이션을 많이 하지만, 앱에 들어왔을 때는 콘텐츠가 메인으로 자리 잡은 상태에서 스토어로 보내주는 방식으로 무게 중심을 잃지 않으려고 노력하고 있습니다.

규모의 경제를 위한 앱 중심 IMC 마케팅

여기까지가 오늘의집이 마케팅에 활용한 3가지의 트렌드였는데요. 사실 이 트렌드들은 경쟁 서비스 업체에서도 모두 포착해 쓸 수 있었던 것들이에요. 그러면 왜 오늘의집이 조금 더 빨리 성장을 했을까요? 마케터의 관점에서 해석해봤어요.

2018년 중반은 미디어커머스가 페이스북을 중심으로 성공하던 타이밍이었어요. 오늘의집 외에도 다양한 리빙 콘텐츠와 미디어커머스가 같이 성장하던 시점이었죠. 2018년 중반이 되기 전까지는 네이버 검색과 같이 인지도에서 오늘의집을 앞서는 회사가 있었어요. 그래서 나아갈 방향에 대해 고민을 많이 했어요.

결국 전략 방향을 어떻게 잡았냐면, 오늘의집만이 가진 자산, 즉 사용자들이 왜 오늘의집에 콘텐츠를 올리고 싶어 할까를 생각해봤을 때 커뮤니티의 속성을 무시할 수가 없었어요. 그냥 SNS에서 미디어커머스로 일회성으로 소비되는 콘텐츠가 아니라, 같은 취향을 공유한 사람들끼리 소통하는 커뮤니티의 성향이 저희에게 있으니 앱 서비스의 플랫폼으로서 사람들을 모으면 규모의 경제를 만들 수 있을 거라 생각했습니다.

그래서 오늘의집은 다른 모든 제안을 다 뿌리치고 규모의 경제를 위한 앱 중심의 IMC 마케팅(Integrated Marketing Communication)에 선택과 집중을 했습니다.

사용자들의 콘텐츠를 이용해 신규 고객 1명을 유치시키기 위해 필요한 비용인 'CAC(Customer Acquisition Cost)'를 낮췄고, 리마케팅을 열심히 했고요 웹보다 앱으로 몰았을 때 LTV(Life Time Value)가 훨씬 높아서 사용자를 앱으로 데리고 오는 쪽으로 중심을 잡았어요.

이를 위해 매체의 역할이 컸는데, 다행스럽게도 매체의 트렌드가 빠르게 같이 움직였어요. ATL(Above the line)이나 BTL(Below the line)을 고민하지 않아도 될 만큼 페이스북에서 인스타그램으로 빠른 성장이 있었고, 유튜브라는 채널이 성장하면서 영상 광고를 많이 할 수 있었죠.

오늘의집에서는 카카오톡 비즈보드나 네이버 GFA(Glad for Advertisement)처럼 매체에서 신상품이 나오면 일단 제일 먼저 시도해봐요. 가능한 한 빨리 마케팅 방법을 찾는 것이 저희의 성공 방정식이라고 할 수 있는데, 이게 가능했던 이유는 모든 과정을 셀프 서빙했기 때문이에요. 대행사와 협업하는 매체도 당연히 있지만, 셀프 서빙이 가능한 SNS 중심의 매체의 경우 인하우스 퍼포먼스 마케터, 영상 제작자 그리고 디자인 담당자가 함께 고민하고, 매체 담당자와 직접 커뮤니케이션을 하면서 빠른 실험 속도를 낼 수 있었어요.

특히 온드 미디어가 오늘의집에서는 큰 역할을 했어요. 페이드 미디어에서 효율이 날 수 있었던 건 온드 채널에서 많은 사용자를 확보해놨기 때문에 브랜드 광고에 추가적인 비용을 지출하지 않아도 되어서였어요. 오늘의집 브랜드의 인지, 도달을 담당하는 채널은 현재 페이스북이 72만, 인스타그램이 100만, 네이버 포스트가 15만, 카카오톡이 270만 명이에요. 오늘의집은 인스타그램 중심으로 사용자를 키웠고, 사용자들의 집들이를 네이버포스트를 통해 재발행했고, 카카오는 싱크를 통해 플친을 대량으로 연동했어요.

온드 미디어의 경우 플랫폼 안에서 커뮤니티 기능이 되면서 사용자들이 자발적으로 저희 서비스를 홍보해주게 되더라고요. 저희도 인스타그램에서 사용자를 태그하지만, 사용자도 저희를 태그해서 자기 집들이를 노출해주거든요. 또 친구 초대 프로모션도 상시 진행하고 있는데요. 내돈내산(내가 돈 주고 내가 산 제품) 후기를 통해 친구 초대 코드가 자연스럽게 홍보되는 경우가 많아요.

최근에는 유튜버 이사배 씨가 광고가 아닌 내돈내산 후기를 올렸는데, 이때 자연스럽게 오늘의집 서비스가 소개됐어요. 브이로그나 온라인 집들이 콘텐츠가 유튜버들에게도 아주 인기 있는 아이템이더라고요. TV 프로그램 '어서와 한국은 처음이지'에서도 출연자가 방 소개를 하며 "제 방 가구는 대부분 오늘의집 앱에서 산 거예요."라고 하는 부분이 나왔어요, 저희가 제일 좋아하는 반응이 사람들이 집 사진을 보자마자 '이거 오늘의집 스타일 같아'라고 하는 거예요. PPL이 아니었는데도 이사배 씨 유튜브나 위와 같은 TV 영상이 나간 다음 이런 내용의 댓글이 달리는 걸 보고 직원들이 기뻐했죠.

3세대 IMC 마케팅을 하고서 2019년 중반부터 오늘의집의 네이버 검색수가 기하급수적으로 상승하고 있어요. 트렌드를 넘어선 차별화된 마케팅이 빠른 성장을 할 수 있었던 비결이라고 생각합니다.

인테리어가 필요한 순간 가장 먼저 찾는 서비스

오늘의집이 앞으로 하고 싶은 일은, 이사나 독립의 순간만이 아니라 1년 내내 내 공간을 사랑하며 꾸밀 수 있도록 전 국민의 인테리어 수준을 높이는 데 기여하는 것입니다. 제가 가장 좋아하는 댓글이 있어 가져와봤어요. '누가 뭐래도 대한민국의 셀프 인테리어의 수준을 높인 데는 오늘의집의 공이 가장 크다.'

오늘의집은 인테리어 쇼핑을 할 때만 찾는 서비스가 아닌, 인테리어가 필요한 순간 가장 먼저 찾는 서비스가 되도록 노력할 것입니다. 그리고 저는 그 여정에서 타깃과의 접점을 확장시켜 나갈 수 있도록 마케팅하려 합니다.

원스톱 인테리어 플랫폼

- 인테리어 콘텐츠+스토어+시공 전문가 서비스

오늘의집이 쓴 대한민국 인테리어 산업의 새로운 역사(2020년 5월말 기준)

- 업계 최초 누적 다운로드 수 1,000만 돌파
- 누적 거래액 6,000억 원(전년 대비 4.7배 성장)
- 인테리어 사례 310만 건(업계 최다 인테리어 사례 보유)

오늘의집 성장: 사회 트렌드/ 리빙 트렌드/ 고객 확장

- 2013~2018: YOLO/ 자취방 꾸미기/ 2024세대
- 2018~2019: 주 40시간/ 집 꾸미기/ 2534세대(1인 가구/ 신혼)
- 2019~2020: 언택트/ 집 머물기/ 3550세대

오늘의집이 활용한 마케팅 트렌드 1, 2, 3

트렌드 1 사람들의 욕망을 자극하는 콘텐츠: 대리만족과 로망 자극

- Step 1. 다양한 사용자의 집 소개
- Step 2. UGC를 광고 소재로 활용해 집 꾸미기 로망 자극
- Step 3. '오늘의집에 실린다 = 예쁜 집' 인정 욕구 자극

트렌드 2 타깃들의 실질적인 소비 유도→가심비에 충실한 큐레이션

- Step 1. 적은 비용 비포&애프터로 소확행 만들기

- Step 2. 전월세 꾸미는 팁 제공하기
- Step 3. 가심비에 가성비까지 확실한 큐레이션

트렌드 3 단순하고 편리한 구매 과정 '쇼퍼블 콘텐츠'

- Step 1. 콘텐츠 내 제품 태그로 바로 구매 가능
- Step 2. 'ㅈㅂㅈㅇ'를 하지 않아도 된다는 점 소구
- Step 3. 좋은 서비스로 유저들의 자발적인 후기 양산

트렌드를 넘어 빠른 성장으로

- 커뮤니티→플랫폼→규모의 경제
  앱 중심 'IMC 마케팅' UA+[ASO, SEO, DA, Creative]
  : 디지털 마케팅 중심으로 인지&획득 모두 가능하게
- 페이드 미디어+온드 미디어+언드 미디어 적극 활용 적극 활용

마케팅 진행 사례

- 콘텐츠(낮은 CAC) → 커머스(리마케팅) → 앱〉웹 (높은 LTV)
- 셀프 서빙 효율화 (퍼포먼스 마케터-영상 제작/디자이너-매체 담당자)
- 페이스북 72만, 인스타그램 99만, 네이버포스트 15만, 카카오톡 270만: 트렌드를 넘어선 차별화된 마케팅=빠른 성장

What's Next…?

- '인테리어 쇼핑할 때 찾는' 오늘의집이 아닌,
  '인테리어가 필요한 순간 찾는' 오늘의집이 되기 위해!

코로나 이후, MZ세대는 무엇을 사고 무엇을 보는가

곽나래, SSG닷컴 기획자

MZ세대가 분석하는 MZ세대

저는 SSG닷컴의 5년차 이커머스 기획자 90년대생 곽나래입니다. 작년에는 《90년대생 소비 트렌드 2020》이라는 책을 쓰기도 했습니다. 돈 쓰는 젊은 세대이자, 젊은 세대가 돈을 쓰게 만드는 서비스 기획자로서 MZ세대가 어떻게 생각하고 소비하는지 말씀드리고자 합니다.

요즘 애들의 사주팔자 MBTI

MBTI 테스트 해보셨나요? 요즘 들어 젊은 세대들에게 큰 인기를 끌고 있는 MBTI 테스트는 외향형/내향형, 감각형/직관형, 사고형/감정형, 판단형/인식형의 성향을 분석해 총 16가지로 성격을 구분하는 테스트인데요. 이것이 최근에 생긴 게 아니라 2차 세계대전 때부터 있었던 테스트라고 해요. 요즘은 MBTI 테스트에서 끝나는 것이 아니라, 이를 바탕으로 MBTI별 남녀 연애 방식, MBTI별 팀플 유형 등의 2차 콘텐츠들이 나오고 있어요. 심지어는 굿즈 상품도 판매하는데, 저 같은 경우 ENTP라 핸드폰 케이스를 ENTP 케이스로 구매했어요.

제가 MBTI를 좋아하는 이유는, MBTI를 하다 보면 내 자신에 대해 모호하게 생각했던 부분들이 좀 더 명확해지는 느낌이 들어서예요. '내가 이런 성향을 갖고 있어서 이렇게 행동했구나'라고 깨닫게 되는 지점이 있거든요. 저는 감정적으로 공감하기보다는 해결책을 제시하려는 편인데 예전에는 '내가 좀 이상한가?'라고 생각했지만, MBTI 테스트 후에는 나 말고도 이런 사람들이 많다는 걸 알게 되면서 마음이 편해졌어요.

코로나19 이후 사람들이 집에 있는 시간이 늘어나면서 MBTI뿐만 아니라 다양한 테스트들이 인기를 끌고 있어요. 갖가지 종류의 성격 테스트, 심리 테스트 들이 넘쳐나요. 성격 테스트를 통해 '낯가리는 아기 토끼', '치어리딩 하는 다람쥐' 등으로 자기 성격을 알 수 있기도 하고, '당신에게 어울리는 사람은 편지 쓰는 아기 여우 같은 사람'과 같은 식으로 이상형을 찾을 수도 있어요. 저는 이런 현상이 MZ세대가 이전 세대에 비해 자기 자신에 대해 더 높은 관심이 있어서 나오는 거라고 생각해요. 다만 코로나로 인한 사회적 거리 두기 영향으로 더 인기를 얻는 중인 거죠.

이제 제가 분석한 MZ세대의 특성에 대해 본격적으로 설명을 드린 뒤, 코로나19 이후 MZ세대의 소비 트렌드가 카테고리별로 어떻게 변했는지, 그리고 현직 이커머스 프로덕트 매니저로서 어떻게 대응하고 있는지 말씀드리겠습니다.

자기애:
세상의 중심은 나

제가 꼽은 MZ세대 3가지 핵심 특성의 첫 번째는 '자기애', 두 번째는 '인스타그래머블'과 '밈', 세 번째는 '1인 가구'입니다.

첫 번째 특징인 '자기애'부터 말씀드릴게요. MZ세대에게 세상의 중심은 '나'예요. 밀레니얼은 1981년부터 1996년 사이에 태어난 세대이고, Z세대는 1997년 이후에 태어난 세대를 통칭한다고 해요. 둘 다 디지털 네이티브 세대고, 외동이거나 형제자매가 한 명 정도 있는 경우가 많아요. 그래서 가정에서 지대한 관심 속에 성장한 경우가 많고, 높은 수준의 교육도 받았죠.

MZ세대는 나 자신이 소중하고 나의 생각, 나의 행복이 중요해요. 타인의 기준이나 사회에서 부과하는 기준보다는 나의 기준이 먼저이고, 공동의 가치보다는 '나심비'가 더 중요합니다. 그래서 당연히 회사보다 개인의 삶이 더 중요해요. 밀레니얼 직장인이 꼽은 좋은 직장의 조건 1위가 '워라벨 보장'(49%)이었어요. 그렇다고 '난 6시 이후에는 일 안 할 거야', '승진 같은 건 상관없어'라는 건 아니에요. 성공에 관심 없다는 뜻이 아니라 자신의 기준을 추구한다고 보는 편이 맞을 거예요. 그래서 자발적인 아싸 문화도 태동한 것 같아요. 퇴근하고 다 같이 인싸처럼 모여 회식하기보다는 '저는 그냥 아싸 할래요' 하는 거죠. MZ세대는 퇴근 후 하고 싶은 공부나 운동을 하고 원데이 클래스에 참여하는 등 취미활동과 자기계발에 시간을 쏟아요.

인스타그래머블:
인스타에 올릴 만큼 예쁘고 독특해야 해!

MZ세대의 그다음 특징은 소셜 미디어와 관련된 것으로, '인스타그래머블'과 '밈'이라는 2가지 키워드로 정리해볼 수 있어요. 먼저 인스타그래머블이란 '인스타그램에 올릴 만한'이라는 뜻으로, 인스타그램에 올릴 만큼 보기에 예쁘면서 독특하고 개성이 있다는 의미입니다. 인스타그래머블이 MZ세대에게 소비 욕구를 자극하는 중요한 가치가 되고 있어요.

'배식당'이라는 핫한 식당이 있어요. 그런데 인스타그램에서 #배식당을 찾아보면 음식 사진이 없어요. 전부 다 셀카 사진이고 특히 화장실에서 찍은 사진이 엄청 많아요. 셀카 맛집이 인스타그램 핫플의 조건인 거예요. 식당인데도 말이죠.

'오마카세'도 요즘 정말 인기가 많아요. 오마카세 원래 뜻은, 그날 들어온 신선한 재료로 셰프가 알아서 맛있게 만들어주는 거잖아요. 손님이 무엇을 먹을지 결정하는 게 아니라 셰프에게 맡기면 셰프가 자신 있는 요리를 내주는데, 보통 10만 원은 가뿐히 넘죠. 오마카세가 인기를 끈 주요한 원인은 한우 오마카세, 스시 오마카세 등이 한 점 한 점 다 작품 같아서 사진으로 찍어 자랑하기도 좋고, 맛에 대해 일가견이 있는 사람 느낌도 낼 수 있기 때문이에요. 플렉스 하기에도 괜찮은 소재고요.

또 하나의 예는 레터링 케이크예요. 저도 제 친구 생일에 레터링 케이크를 선물한 적이 있는데요. 공산품 케이크가 아무리 예쁘고 그럴싸해도 흔해서 특별한 느낌이 안 나니까 만족이 안 되더라고요. 인스타그래머블하지 않은 거죠. 반면에 레터링 케이크를 사진으로 찍으면 정말 예뻐요. 그리고 커스터마이징으로 만들어져 세상에 하나밖에 없는 케이크라 특별하고요.

뚱카롱의 경우도 요새는 인기가 조금 식었지만, 비주얼을 위해서 레시피까지 바꿨다는 측면에서 소개하고 싶어요. 원래 프랑스에서는 마카롱에 필링을 많이 넣는 경우가 없는데, 한국에 와서 레시피가 변한 거예요. 마카롱 자체도 예쁘지만 SNS에 올렸을 때 뚱카롱이 훨씬 더 눈에 띄고 충만한 느낌이 들어요. 마카롱이 프랑스 과자면, 뚱카롱은 한과라는 말이 있을 정도죠.

인스타그래머블한 트렌드에 맞추면 MZ세대에게 더 어필할 수 있습니다. 하지만 올해 인기를 얻은 게 내년에도 계속 인기를 끌 거라고 예상하면 안 될 것 같아요. 예를 들어 샤인 머스캣이 작년, 재작년에 먹기 편하고 예뻐서 큰 인기를 끌었지만, 올해는 그렇게까지 인기가 있지는 않을 거라고 보거든요. 유행은 정말 빨리 바뀌어요. 그런데 샤인 머스캣의 인기는 줄더라도 다른 비슷한 것들이 대체되어 유행할 거예요. 만약 푸드 바이어라면 먹기 편하면서 사진이 잘 나올 만한 과일을 찾아서 적극적으로 공략하면 되겠죠. 본질을 잊지 않는 게 중요합니다.

밈:
공유하고 싶은 콘텐츠여야 뜬다

밈 트렌드는 공유할 만큼 재미있고 독특한 콘텐츠여야 뜬다는 말로 요약할 수 있습니다. 밈의 원래 정의는, 지성을 가진 개인이나 집단에서 다른 지성을 가진 개인이나 집단에게 전이되는 문화의 형태인데요. 지금 나타나는 형태는 짤방 등이 사람들에게 받아들여져 온라인에서 대유행을 하는 식이에요. 공유가 특성이

"인스타그래머블한 트렌드에
맞추면 MZ세대에게
더 어필할 수 있습니다.
하지만 올해 인기를 얻은 게
내년에도 계속 인기를 끌 거라고
예상하면 안 될 것 같아요.
유행은 정말 빨리 바뀌어요."

다 보니 한번 뜨면 순식간에 확산돼 큰 효과를 누릴 수가 있어요.

대표적으로 '1일 1깡'이 있습니다. 사실 깡이 나온 지는 몇 년 되었지만 유튜브 알고리즘 덕에 사람들의 눈에 띄게 됐고, 처음에는 약간 조롱에 가까운 우스운 콘텐츠에서 출발했지만 결국에는 호감을 사게 되었어요. 비가 쿨하게 받아친 게 매력적이기도 했고요. 1일 1깡이 인기를 끌어서 MBC 예능 프로그램 '놀면 뭐하니'에도 비가 출연하고 새우깡 광고도 찍었어요. 꼭 연예인뿐만 아니라 기업의 브랜드 광고나 콘텐츠 캠페인 같은 것도 밈의 속성을 잘 활용하면 순식간에 확산돼 뜰 수 있습니다.

밈의 특성을 잘 활용한 또 하나의 예는 올해 가장 히트한 노래인 '아무노래'예요. 거기에는 아무노래 챌린지의 공이 가장 클 거예요. 저는 지코의 아무노래 챌린지가 나왔을 때 지코가 진짜 똑똑하다고 생각했어요. 간단한 노래와 춤을 틱톡에 올려 금방 확산을 시켰잖아요. 틱톡은 15초에서 길어봤자 1분까지만 영상을 올릴 수가 있고, 음악을 한 번 올리면 그걸 다른 사람이 재활용해서 바로 자기 영상을 올릴 수 있게 되어 있어요. 그래서 지코가 챌린지를 올렸을 때 사람들이 아주 쉽게 따라할 수 있었던 거죠. 그런데 지코가 정말 대단하게 느껴졌던 건 사람들이 올린 스토리에 대한 지코의 피드백을 보고 나서예요. 틱톡의 태그 기능을 잘 이용한 건데요. 어쨌거나 대중의 입장에서는 아무노래 챌린지를 스토리에 올렸는데 지코가 자기 계정에 내 걸 올려주거나 좋아요를 눌러주면 너무 기쁘거든요. 또 화사나 청하처럼 인기 있는 여자 연예인과 듀엣으로 춤을 춰서 그것도 대히트를 쳤죠. 틱톡에서는 듀엣하기 쉽게 화면을 반으로 나누는 기능이 있어요.

SNS를 통해 트렌드 캐치를 어떻게 하는지 말씀드릴게요. 제 자신이 MZ세대이다 보니까 인스타그램과 틱톡을 보면서 트렌드를 읽어내는 경우가 많은데요. 저는 인스타그램 광고를 잘 활용하는 편이에요. 개인화가 잘되어 있어서 클릭을 하면 비슷한 것들을 추천해주는데, 저는 새로운 서비스에 관심이 많아서 그쪽으로 클릭을 많이 하니까 인스타그램이 새로운 스타트업을 계속 저에게 소개해줘요. 그냥 가만히 있어도 광고로 저에게 알려주는 거죠. 소셜 미디어를 잘 활용하면 굳이 엄청난 노력을 들이지 않아도 된다는 걸 말씀드리고 싶어요.

1인 가구:
혼밥, 혼술, 혼영, 혼여, 혼캉스

MZ세대의 마지막 특징은 1인 가구가 많다는 겁니다. 1990년대까지만 해도 4인 가구가 월등히 1인 가구보다 많았지만, 점점 그 차이가 줄어들더니 2010년을 기점으로 역전되었고 그후 1인 가구의 수가 점점 더 많아지고 있어요. 2020년 기준으로 1인 가구가 600만 가구를 돌파할 거라고 예상합니다. 이 수치는 전체 가구의 30%에 해당해 1인 가구는 현재 대한민국에서 가장 흔한 가구 유형이 되었습니다. 통계청은, 2035년이 되면 1인 가구가 760만이 넘고 4인 가구는 219만으로 줄어들 거라고 예상했어요.

저는 1인 가구의 증가가 사회 전체의 문화가 바뀌는 과정이라고 생각해요. 혼자 사는 인구가 많아지면서 혼자 하는 활동이 익숙하고 편한 쪽으로 문화가 변하고 있어요. 20~30대 성인남녀 1,593명을 대상으로 설문조사를 한 결과, '나홀로족'이라고 답한 사람이 52.5%였어요. 이들은 주로 혼자 하는 활동으로 혼밥, 쇼핑, 운동, 영화 보기, 여행, 음주, 드라이브 등을 꼽았어요.

2000년대까지만 해도 한국인은 식당에서 혼자 밥 못 먹는다는 말이 있었어요. 진정한 어른이 되려면 혼자서 밥을 먹을 수 있는 용기가 있어야 한다는 말이 있을 정도로, 혼자 밥 먹으러 가는 사람이 별로 없었고, 혼자 밥 먹는 사람을 '같이 밥 먹을 사람도 없나' 라는 시선으로 바라봤죠. 음식점에서도 혼밥에 대한 준비가 안 되어 있어서 안 받아주는 곳도 많았고요. 그런데 지금은 전혀 그렇지 않잖아요. 지금은 혼밥에 대응 안 하면 요식업 장사를 못 하는 시대로 바뀌었죠. 저는 혼술도 자주 하는데 집에서도 마시지만 밖에 나가서 술 마시고 싶은데 친구 부르기가 귀찮으면 혼자 맥줏집에 가기도 해요.

혼영도 마찬가지예요. 저는 영화 보는 거 좋아해서 일주일에 한 번씩 영화관에 가는데, 항상 혼자 갑니다. 왜냐하면 친구들이랑 영화 보는 것도 좋지만, 약간 시간이 아까운 느낌이에요. 어차피 스크린만 바라볼 건데 나 혼자만의 시간을 즐기는 편이 억지로 취향을 안 맞춰도 돼서 더 좋더라고요. 영화관에 가보면 같이 온 사람도 많지만 저처럼 혼자 앉아서 즐기는 젊은 사람들이 많습니다.

혼자 여행하는 혼여도 빼놓을 수 없죠. 저도 가까운 아시아부터 미국, 유럽까지 혼자 많이 갔어요. 친구랑 시간 되면 같이 가기도 하는데, 다들 바쁘다 보니 시간 맞추기가 힘들잖아요. 저희 엄마는 제가 혼자 여행 간다고 하면 '안 심심하니? 혼자 여행 가서 뭐 해?' 하고 물어보시는데요. 제가 혼자 잘 있는 편이기도 하지만, 혼자 여행 간다고 해서 계속 혼자 있을 필요가 없어요. 유럽 여행이라면 네이버 카페 유랑 등에 오늘 저녁에 맥주 마시고 같이 놀자고 글을 올려 사람들을 만나면 돼요. 혼자 여행 온 사람이 워낙 많다 보니까 이런 식으로 문화가 바뀐 것 같아요.

혼캉스 같은 경우도 혼자 호텔 가서 뭐 하냐고 생각할 수 있지만, 집이 답답할 때 깔끔하고 좋은 데 가서 혼자 있으면서, 분위기 좋은 곳에서 여유를 즐기는 것이 어색하지 않은 문화가 MZ세대에서 자리 잡은 것 같아요.

저도 1인 가구인데요. 혼자 사니까 뭔가 갖춰놓고 살기가 쉽지 않아요. 혼자 밥을 먹기 위해 하나하나 차리는 것도, 먹고 나면 치워야 하는 것도 귀찮아 요리에 대한 의지가 안 생기고요.

청소 서비스도 얼마 비싸지 않아서 그냥 맡길까 싶어요.

그러니까 1인 가구를 공략하는 또 하나의 포인트는 혼자 사는 사람이 귀찮아할 만한 게 무엇인가 찾아 그 귀찮음을 해결해 줄 수 있는 걸 기획하는 게 아닌가 합니다. 이상 MZ세대의 특성 3가지를 말씀드렸습니다.

코로나19 이후 MZ세대 소비 트렌드의 변화

이제 우리의 삶을 총체적으로 바꿔버린 코로나19 이후 MZ세대의 소비 트렌드 변화를 짚어보겠습니다. '세상은 2020년을 기점으로 BC(Before Covid-19)와 AD(After Disease)로 나뉜다'는 말이 있을 만큼 강제로 많은 것이 바뀌었어요. 코로나 전에도 언택트 문화나 이커머스 비즈니스 성장이 가속화되고 있었지만, 코로나가 거의 10~20년은 점프 시켜준 느낌이에요. 그 가운데서도 제가 현업에서 일하면서 특히 많이 변했다고 생각하는 4가지 카테고리별 트렌드에 대해 말씀드리겠습니다.

트렌드 1. 식품:
집밥은 먹기 편해야, 사먹는 음식은 예뻐야

첫 번째 카테고리는 식품이에요. SSG닷컴같은 경우 이마트를 중심으로 그로서리(grocery) 비즈니스를 하다 보니까 식품이 매출에서 아주 큰 부분을 차지하는데요. 마침내 그로서리 쇼핑이 메인 스트림에 완전히 올라왔다는 생각이 들어요. 쿠팡의 경우 평소 하루 200만 건이던 주문이 코로나 이후에 300만 건으로 50% 증가했고, SSG닷컴도 전년 대비 매출이 50% 이상 올랐습니다.

현직 커머스 프로덕트 매니저로서 그로서리 쇼핑이 계속 대세가 될 거라고 생각하고 있습니다. 기성 세대거나 식료품 쇼핑을 온라인에서 많이 안 하던 사람들은 '고기를 직접 보고 사야지, 과일은 내가 골라야지' 생각할 수 있는데요. 그런 분들도 코로나 덕분에 강제로 온라인 구매를 해보니까 그렇게 나쁘지 않다는 걸 알게 되었어요. 보지 않고 온라인으로 사도 괜찮다는 걸 깨달았기 때문에 앞으로도 이 트렌드는 이어져 나갈 거예요. 저는 코로나 때문에 사회적 거리 두기를 하면서 비대면이 늘어 이커머스가 다 같이 성장했을 줄 알았는데, 아니더라고요. 식품에 주력한 SSG닷컴은 매출이 올랐지만, 식품 비중이 낮은 11번가 매출은 오히려 줄었다고 해요. 사람들이 생존 위기를 느끼면서 사치품 소비는 줄이고 식료품 등 필수품 위주로 소비를 하다 보니 그것에 집중한 커머스가 많이 성장했어요. 그런데 식품을 파는 곳에서도 다른 것도 팔고 있으니까 식품을 사다가 화장품도 같이 사게 되죠. 그래서 홈쇼핑도 식품 주력인 NS홈쇼핑만 이익이 늘었어요.

한편, 비대면 배달 트렌드가 가속화되고 있어요. 매장에서의 식사가 줄어든 대신 배달 시장이 크게 확대되었죠. 2019년까지는 배달 오면 그 자리에서 카드 결제를 하는 경우가 많았지만, 올해 들어서면서부터는 앱에서 주문과 동시에 바로 결제하는 비중이 더 많아졌어요. 내년에는 비대면 결제가 67%에 이를 것으로 예상하고 있어요. 또 배달앱이 주류가 되면서 배달앱 리뷰가 음식점 성공의 척도가 되고 있어요. 예전에 네이버 블로그가 가장 중요한 매체였던 시절에는 블로그에 글을 잘 써줄 테니까 공짜로 음식을 달라는 소위 '블로거지'가 있었잖아요. 지금은 배달앱에 '리뷰거지'가 생길 정도로 배달앱의 파워가 세졌어요. 요식업 사업자 입장에서도 배달앱 리뷰가 중요해져서 리뷰 이벤트를 상시로 하고 있고요.

그런가 하면, 혼밥이 이제 새로운 표준이 되었습니다. 주요 배달 3사가 1인분 배달 카테고리를 론칭한 게 2016년인데, 그 이후 1인분 주문 증가율이 매년 큰 폭으로 상승하고 있어요. 이제는 삼겹살도 1인분 배달이 돼요. 비싸긴 하지만 삼겹살을 직접 해먹기 위해 재료를 구입하고 너무 많아 남기는 비용을 고려하면 꼭 비싼 것도 아니에요. 고기, 찌개, 채소, 밥 다 주면서 고기 냄새도 집에 배지 않아 환기할 필요도 없잖아요. 기존에도 배달이 주류였던 피자업계의 경우도 작은 사이즈 피자에 감자튀김과 콜라를 넣은 1인분 메뉴를 만드는 등 여럿이 먹는 메뉴 중심의 업체들도 트렌드에 맞춰 변화하고 있습니다.

SSG닷컴은 1인 가구를 공략하기 위해 이마트를 중심으로 밀키트 추천 서비스를 이미 하고 있었고요. 소분해서 조금씩 음식을 구매할 수 있는 방안에 대해서도 고민하고 있습니다.

또 다른 식품 트렌드는 집밥은 먹기 편해야 하고, 밖에서 사 먹는 음식은 사진 찍기에 예뻐야 한다는 거예요. 손질이 필요 없는 과일은 구매가 느는 반면, 손질해야 하는 과일은 구매가 급격히 감소하고 있어요. 2017년 자료이기는 한데, 이마트 과일 매출 신장률을 보면 껍질을 깎을 필요 없는 딸기, 바나나, 체리는 매출이 확연히 늘었지만, 칼로 깎아야 되는 복숭아, 배, 사과는 매출이 많이 줄었어요. 특히 수박 매출이 줄고 있는데, 수박이 너무 크고 먹기가 힘들어서 안 사는 거라 오히려 주스 전문점의 수박 매출은 늘고 있다고 합니다. 먹기 편하게 포장되어 있는 편의점 과일 매출도 많이 늘었고요.

대신, 내가 조리하지 않는 밖에서 사먹는 음식은 사진 찍기에 예뻐야 한다는 게 주요한 트렌드예요. 인스타그래머블과 관련이 깊죠. 항공샷에 최적화하기 위해서 어떤 카페는 테이블 높이를 의자보다 낮춘 곳들도 있더라고요. 맛이 제일 중요하지 않냐고 생각할 수 있지만, 방문을 하고자 하는 욕구 자체가 SNS와 관련되어 있기 때문에 비주얼이 굉장히 중요해요. 블루보틀이 한국에 런칭할 당시 사람들이 3시간이나 줄을 선 이유도 여기에 있죠.

트렌드 2. 헬스 케어:
등산과 비건 트렌드가 힙하다

코로나19 이후 MZ세대의 소비 트렌드가 변화한 두 번째 카테고리는 헬스 케어예요. 코로나 때문에 헬스장이나 필라테스 같이 실내에서 하는 단체 운동들은 큰 타격을 입었어요. 하지만 코로나에 대항하려면 건강과 면역력을 챙겨야 하고, 그러기 위해서는 운동을 소홀히 할 수 없죠. 즉, 운동에 대한 니즈 자체는 줄지 않아서 야외 운동은 오히려 늘고 있어요.

코로나 전후 톱 20 키워드의 증감률을 보면, '여행'은 줄었지만 '산책', '운동', '자전거', '등산' 등은 늘어났어요. 특히 등산을 하는 젊은 세대가 급격히 증가했습니다. 예전에는 부모님 세대나 좋아하는 거라고 생각했던 등산이 MZ세대의 힙한 운동으로 완전히 전환되었어요. 북한산의 경우 올해 3월 등산객이 작년 3월 대비 41.7%나 늘었어요.

인스타그램에서 등산을 검색하면 젊은 여성들이 레깅스를 입고 등산 가서 찍은 사진이 많아요. '운동하는 여자의 탄생'이라고 말씀드릴 수 있어요. 2010년 이후 페이스북과 인스타그램 등 소셜미디어가 발달하면서 운동하는 건강한 여성 이미지가 확산되었고, 레깅스 등 운동복이 일상복이 되면서 에슬레저 의류 시장 규모가 커지고 있는데, 이는 한국뿐 아니라 전 세계적인 현상입니다. 저는 원래 등산을 안 좋아하는데도, 인스타그램의 등산 사진들을 보고 있노라면 산이 저렇게 예뻤나 하는 생각이 들면서 가보고 싶더라고요.

비건(vegan) 트렌드에 대해서도 간략히 말씀드릴게요. 먼저 코스메틱 분야에서 최근에 론칭한 신생 뷰티 브랜드들을 보면 하나같이 비건 브랜드라는 걸 강조하고 있어요. 비건 혹은 최소 크루얼티 프리를 달고 나와요. 비건은 동물성 성분을 전혀 사용하지 않았다는 뜻이고, 크루얼티 프리는 동물 실험을 하지 않았다는 뜻인데요. 세계적인 트렌드라 전 세계 비건 화장품 시장이 계속 커지고 있습니다.

비건 푸드도 큰 인기를 끌고 있어요. 트렌드세터들 가운데 다이어트나 건강에 신경 쓰는 사람들을 중심으로 비건 푸드가 확산되고 있습니다. 저도 샐러드 회사에 주문해 주로 점심은 샐러드로 먹고 있어요. 최근에는 템페를 이용한 비건 샐러드를 먹어보았어요. 요즘은 심지어 프랜차이즈에도 비건 음식이 꼭 하나씩 있어요. 비욘드 미트, 버거킹의 임파서블 와퍼, KFC의 임포스터 버거, 오뚜기의 채황 등 쉽게 접할 수 있는 비건 음식들이 날로 늘어가고 있습니다. 비건 트렌드는 앞으로도 더 확산되지 않을까 생각합니다.

커머스 프로덕트 매니저로서 이런 헬스 케어 분야의 트렌드 변화에 발맞추어 식품을 성분 중심으로 필터링해서 보여준다든가 하는 새로운 프로젝트를 구상 중에 있습니다.

트렌드 3. 뷰티:
마스크 쓰는 시대, 화장품 소비 지형의 변화

코로나19 이후 트렌드 변화에 주목해야 할 세 번째 카테고리는 '뷰티'예요. 저도 뷰티와 관련된 새로운 프로젝트를 진행하면서 마스크 쓰는 시대에 화장품 소비 지형이 어떻게 변화될까에 대해 고민을 많이 했어요. 사회적 거리 두기와 마스크 쓰기를 하면서 메이크업에 대한 욕구가 감소할 수밖에 없잖아요. 마스크를 쓴 부분은 어차피 화장을 해도 보이지도 않고 파운데이션을 바르면 마스크에 다 묻어나니까 불편하기만 하죠. 그래서 마스크로 가려지는 부분의 메이크업 매출은 감소하고 있어요. 전년 동기 대비 베이스 메이크업 매출이 22%, 립과 블러셔 매출이 15% 줄었어요. 그 대신 아이 메이크업과 마스크 때문에 생긴 피부 트러블로 인해 스킨 케어 매출만 늘고 있어요. 그리고 화장품이 면세점 전체 매출에서 절반 이상을 차지했었는데, 여행 규모가 축소

되면서 화장품 전체 매출이 타격을 받고 있습니다.

오프라인의 드럭스토어도 코로나19의 영향을 받지 않을 수 없는데요. 드럭스토어의 큰 장점이 온갖 브랜드가 한 매장에 다 모여 있고, 백화점과 달리 직원의 눈치를 보지 않고 여러 브랜드를 테스트할 수 있는 거잖아요. 그런데 코로나 상황에서 남이 쓰던 테스터를 어떻게 쓰겠어요. 고민 끝에 SSG닷컴은 온라인을 통해서 테스트한 뒤 리뷰를 남기고 구매하게 하자고 결론을 내렸어요.

SSG닷컴이 새롭게 론칭한 '먼데이문(Monday Moon)'은 코로나 이후 MZ세대를 타깃으로 한 홈 테스팅 프로젝트예요. SSG닷컴 메인 페이지에서 바로 들어갈 수 있습니다. 체험단 신청을 받아 고객에게 테스트 제품을 보내주고 있는데, 하나의 체험단에 수천 명이 신청을 할 정도로 반응이 좋아요. 고객뿐 아니라 브랜드사의 만족도도 아주 높습니다. 홍보 창구가 많이 줄었고 특히 화장품 면세 매출이 확 꺾여버린 상황이라 프로모션 기회가 소중한 거죠. 그래서 일주일에 7~8개씩 새로운 체험단을 계속 오픈하고 있습니다.

테스트 체험단이 된 고객은 제품 사용 후 리뷰를 올리게 되는데, 이 리뷰가 제품 출시 후 정품의 리뷰에도 들어갈 수 있게 서비스를 구축해놓았어요. 테스터 리뷰가 늘면 정품의 리뷰도 느는 거죠. 출시된 지 얼마 안 된 세럼을 예로 들면, 신상품인데도 리뷰가 460개가 쌓였어요. 엄청난 히트 상품이라도 단기간에 이만큼 리뷰가 달리긴 어려워요. 보통 정상적으로 구매하는 고객의 경우 리뷰를 남기는 비율이 한 자릿수거든요. 반면, 체험단은 80%가 넘는 고객들이 리뷰를 남기는데, 사진이나 영상과 함께 정성껏 자세히 써주십니다.

먼데이문의 또 하나의 장점은 리뷰 시스템에 상품 특성별 분석을 할 수 있도록 해놓아서, 커버력, 보습력, 마무리감, 지속력 등에서 고객들의 평가를 한눈에 볼 수 있어요. 그리고 그 정보들을 분석해 '복합성 피부 타입을 가진 고객님들께서 마무리감이 보송해요라고 남기셨습니다'하고 한 줄 요약을 제공하고 있고, 피부 타입이나 톤별로 필터링해 검색할 수 있도록 했습니다. 또 고객들이 등록한 태그들 #흡수력좋은, #꿀피부, #피부결정돈 등을 종합해서 상품에 태그화해 보여드리고 있어요. 먼데이문의 리뷰는 SSG닷컴에서뿐만 아니라 네이버 가격 비교에서도 고스란히 노출이 됩니다. 좀 전에 말씀드린 세럼의 경우 네이버 가격 비교 리뷰 485건 가운데 대부분이 SSG닷컴의 리뷰예요. 아주 좋은 마케팅 방법이라고 생각하고 있습니다.

트렌드 4. 퇴근 후 삶:
돈 주고 사람을 만납니다

네 번째 변화된 트렌드는 '퇴근 후 삶'에 대한 부분이에요. MZ세대는 유료 콘텐츠 결제에 거부감이 없어요. '넷플릭스'의 유료 사용자 수가 매월 상승하고 있는데, 특히 2030세대가 전체 사용자의 70%를 차지하고 있습니다. 그 외에도 음악 스트리밍 서비스를 비롯해 유료 콘텐츠의 소비가 늘어나고 있어요.

그리고 MZ세대를 중심으로 살롱 문화가 확산되고 있어요. 양질의 사람을 만나는 기회라면 돈을 지불하는 것도 망설이지 않죠. '트레바리', '크리에이터 클럽', '문토' 등의 서비스들이 생기며 시장이 점점 확대되고 있어요. 다만 코로나19로 인해 오프라인 모임이 위축되고 있어서 랜선 소셜 살롱으로 극복하려는 시도가 일어나고 있는 상황입니다.

코로나19 이후 '클래스 101'과 같은 온라인 취미 플랫폼도 더욱 성장하고 있어요. '패스트 캠퍼스'나 'DS스쿨'처럼 직장인을 위한 온라인 기반 자기 계발 플랫폼이나 '링글', '튜터링'과 같은 랜선 영어 플랫폼도 발전하고 있고요. 이런 현상은 교육 서비스 업계의 기회라고 할 수 있을 겁니다.

강연 한눈에 보기

MZ세대의 특성

자기애

- 세상의 중심은 나, 공동의 가치보다 가심비가 중요

인스타그래머블&밈

- 인스타에 올릴 만큼 예쁘고 독특해야 한다
- 공유하고 싶은 콘텐츠여야 뜬다

1인 가구

- 혼밥, 혼술, 혼영 등 혼자 하는 활동에 익숙해짐
- 우리의 삶을 총체적으로 바꿔버린 코로나 바이러스

  "세상은 2020년을 기점으로 BC(Before Covid-19)와 AD(After Disease)로 나뉜다."
- 언택트 문화, 이커머스 비즈니스 성장 가속화

코로나19 이후 MZ세대 소비 트렌드의 변화

식품

- 마침내 메인 스트림이 된 온라인 그로서리 쇼핑
- 비대면, 배달 트렌드 가속화
- 혼밥이 새로운 표준이 되다
- 집밥은 먹기 편해야 한다

- 밖에서 사먹는 음식은 사진 찍기에 예뻐야 한다

헬스 케어

- 건강한 삶에 대한 열망 증가
- 코로나19 이후 핫한 운동으로 떠오른 등산
- 운동하는 여자의 탄생
- 비건 트렌드

뷰티

- 마스크 쓰는 시대, 화장품 소비 지형의 변화
- 새로운 시도: 온라인 통해 테스트해보고, 리뷰 남기고, 구매하게 하자

퇴근 후 삶

- 유료 결제에 거부감 없는 세대
- 돈 주고 사람을 만난다
- 온라인 기반 자기계발-교육 서비스는 기회

라이프온투게더, 1인 가구의 새로운 주거 트렌드

노재훈, 패스트파이브 주거서비스 팀장

패스트파이브, 라이프 스타일을 서비스하다

패스트파이브의 주거 서비스 '라이프'를 총괄하고 있는 노재훈 팀장입니다. 저는 패스트파이브의 지주 회사인 패스트트랙아시아에서 직장 생활을 시작했습니다. 패스트트랙아시아는 스타트업을 만들어서 키우는 컴퍼니 빌더(Company Builder)로 유명한 회사인데요. 이곳에서 일하며 다양한 사업들을 직간접적으로 경험할 수 있었습니다. 현재 패스트트랙아시아는 패스트캠퍼스(교육), 패스트파이브(부동산), 패스트 인베스트먼트와 패스트 벤처스(투자) 등 여러 산업군에 파트너사를 직접 만들어 함께 성장하고 있습니다.

저는 패스트캠퍼스의 초기 리서치부터 론칭, 운영까지 함께 했고요. 이후 역시 패스트트랙아시아의 자회사였던 헬로네이처(식품)로 옮겨 CSO로 근무했고, 잠시 카카오커머스에서 일하기도 했습니다. 그리고 2018년 패스트파이브에 들어와 주거 서비스를 기획하고 운영하고 있어요.

제 소개를 먼저 드린 이유는, 제가 소위 말하는 부동산 업계에 있던 사람도, 부동산 백그라운드가 있는 사람도 아니었는데, 회사가 저에게 주거 서비스 총괄을 맡긴 것에서 패스트파이브가 주거 서비스를 어떻게 바라보는지를 알 수 있기 때문입니다. 패스트파이브는 주거 서비스를 단순히 부동산을 임대한다는 개념이 아닌 '라이프 스타일을 서비스한다'는 개념으로 보고 사업을 하고 있습니다.

일상의 기본이 되는 공간 '집'에 주목하다

패스트파이브는 국내에서 가장 인정받고 있는 공유 오피스 회사로서, 1만 7,000명이 넘는 멤버 수와 25개 이상의 지점으로 국내 1위 자리를 공고히 지키고 있습니다. 사실 이 비즈니스 모델 자체는 해외에서 먼저 시작된 것이지만, 정작 해외 업체들이 한국에 들어와서 좋은 결과를 내지는 못했는데, 이는 패스트파이브가 토종 기업으로서 한국 시장을 더 잘 이해하고 한국 소비자들의 니즈에 잘 부합했기 때문이 아닐까 생각하고 있습니다.

저희 회사가 가파르게 성장하고 있고 공유 오피스도 아직 진출해야 될 지역이 많은데, 왜 주거 서비스를 시작을 했을까요? 그 이유는 패스트파이브가 스스로를 공유 오피스 회사라고만 생각하지 않고, '공간을 통해서 라이프 스타일을 혁신하는 부동산 플랫폼 회사'라고 스스로를 정의하고 있기 때문이에요. 제가 패스트파이브에 입사하기 전인 2017년에 회사는 이미 주거 서비스를 하기로 결정하고 리서치와 테스트도 어느 정도 진행한 상태였는데요. 기존 인력으로 공유 오피스 업무와 병행하기에는 무리가 있어 2018년에 담당자를 뽑아 본격적으로 추진하게 되었어요.

패스트파이브가 생각하는 공간에 대해 말씀드리기 위해 사회학자 레이 올든버그의 3가지 공간 분류에 대해 잠시 소개할게요. 그는 휴식을 취하는 공간인 집을 제1의 공간으로, 공적인 공간인 일을 하는 회사를 제2의 공간으로 정의했어요. 그리고 제3의 공간이라는 재미있는 개념이 등장시켰는데요. 비공식적 공공장소라고 표현할 수 있는 제3의 공간은, 다른 사람들과 교류하며 새로운 것들을 얻을 수 있는 공간이에요. 그는 대표적으로 스타벅스를 제3의 공간으로 꼽았는데, 어떤 사람한테는 한강공원이, 어떤 사람에게는 산꼭대기가 제3의 공간일 수 있을 거예요.

도시의 사람들은 이렇게 3가지 공간에서 시간을 보내고 있

▲ 제1의 공간 더하기 제3의 공간을 갖춘 코리빙하우스 (출처: 패스트파이브 제공)

는데, 패스트파이브는 그 가운데 제2의 공간과 제3의 공간이 결합돼 있는 형태로 소기의 성과를 얻었고 앞으로도 계속 발전시켜 나갈 계획입니다. 그러면서도 일상의 기본이 되는 제1의 공간인 '집', 그 가운데서도 특히 늘어가고 있는 '1인 가구들이 사는 집'에 도전해보고자 주거 서비스에 진출하게 되었습니다.

집:
'소유물'에서 '주거 공간'으로

패스트파이브는 주거 시장이 오랫동안 고착화되어 있다고 보았어요. IT산업과 비교해서 말씀드려볼게요. IT산업이 1990년대 PC통신 시대, 2000년대 인터넷 시대, 2010년대 모바일 디바이스의 시대로 급격히 발전을 거듭한 데 반해, 주거시장은 거의 변화가 없었어요. 1990년대 강남의 오피스텔 광고를 보면, 지하철역과 직접 연결되어 있고 저층부에 스포츠센터, 식당가, 은행, 병원이 있어서 한 건물 안에서 편하게 생활할 수 있다는 장점이 부각되어 있어요. 오피스텔 내부도 디자인적인 부분을 빼고 보면 요즘과 비슷해요. 그런데 요즘 광고도 1990년대와 별반 다르지 않습니다. 1인 가구를 위한 주택 시장은 강산이 3번 바뀌는 시간인 30년간 크게 변화한 것이 없어요.

혹자는 이것이 가장 최적화된 형태이고, 가격 대비 퀄리티가 적당하기 때문이라고 이야기합니다. 그렇다면 정말 혁신이 필요 없을까요? 그러면 앞으로 30년 이후에도 계속 지금과 같은 모습이어야 할까요? 고민이 되었습니다.

패스트파이브는 30년 전과 지금, 집에 살고 있는 사람이 바뀌었다는 점에 집중했어요. 2018년 통계청 인구주택총조사에 따르면 국내 전체 가구의 29.3%가 1인 가구이며, 밀레니얼이 1인 가구 중 30% 이상을 차지하고 있어요. 앞으로도 1인 가구는 점점 더 증가할 전망이고요. 그리고 주택에 대한 인식도 변화했어요. 예전에는 집을 '소유물'로 생각했지만, 지금의 젊은 층은 내가 살아가는 '주거 공간'으로 인식해요. 이는 검색어에서도 드러나요. 예전에는 주택 가격, 월세, 전세, 매매와 같은 것을 검색했다면, 요즘은 주거 소비, 주거 문화, 주거 트렌드 등 문화적인 부분과 관련된 검색이 많아졌어요.

밀레니얼의 대표적인 특징은 개인의 행복 추구를 중요시한다는 거예요. 가격보다도 심리적 만족감, 즉 가심비를 중요하게 생각하고요. 내가 가치를 두는 것에 대해서는 가격보다 만족감을 더 따지는 거죠. 또 이전 세대들이 오늘을 희생하고 참으며 미래를 위해 투자했다면, 밀레니얼은 현재의 행복을 미루지 않아요. 자신이 좋아하는 것들에 과감하게 투자하고, 획일화된 소비에서 벗어나 소비를 통해서도 자신을 표현하고 싶어하는 니즈가 있습니다. 또 SNS가 대중화되면서 자신이 머무는 공간이 자신의 라이프 스타일 혹은 취향을 표현할 수 있는 공간이 되기를 희망해요. 이는 인스타그램에서 #집스타그램의 해시태그 숫자만 봐도 알 수 있습니다.

그 밖에도 다양한 경험을 하는 것을 원하고, 맹목적인 집단주의는 싫어하지만 취향을 기반으로 한 커뮤니티에 대한 니즈는 오히려 더욱 높은 세대라는 것도 밀레니얼의 중요한 특징입니다. 개인주의적이라고 볼 수 있지만 다른 한편으로는 굉장히 사회적인 세대예요. 직장 동료니까, 같은 고향이니까, 같은 반이니까 친해야 된다는 단순한 전체주의에는 반발하지만, 같은 취향이나 같은 생각을 가진 사람들과는 더 교류하고 싶은 성향이 있는 세대인 거죠.

외롭고 고독한 1인 가구들

다음으로는 1인 가구들의 고충에 대해 알아봤어요. 2019년 〈KB 1인 가구 보고서〉를 보면, 남성들의 경우 30~50대는 모두 외로움이 가장 큰 걱정거리였어요. 20대조차도 경제에 이어 2위가 외로움이었어요. 그리고 남성들은 식사나 건강에 대한 걱정도 세대를 막론하고 많이 하고 있었습니다. 남성 1인 가구는 퀄리티 있는 라이프 스타일을 실천하기가 힘든 게 아닌가 생각해볼 수 있는 결과였어요. 여성 가구의 경우에는 경제적인 부분이 가장 큰 걱정거리였고, 그다음으로는 건강, 안전 등에 대한 염려가 많았어요. 생활상의 어려움에 대한 대응 방법에서는 남녀 모두 포털에서 검색하거나 최대한 혼자 해결한다는 답변이 많아, 어려움이 있을 때도 의지할 곳이 마땅치 않은 사람들이 많다는 생각이 들었습니다.

1인 가구들이 '스스로를 어떻게 인식하고 있는지'에 대한 설문에서는, 1인 생활을 만족하는 사람들은 '자유롭고 편안하고 여유로워서 좋다'고 답했지만, 1인 생활에 만족하지 못하는 사람들은 '외로워 보이고 우울하고 초라하다'고 본인을 평가했어요. 한편, 1인 가구의 연령대별 세대 인식에서는 '40~50대도 청년으로 볼 수 있다'는 대답이 20~30대에서도 거의 40% 가까이 나왔어요. 예전에는 결혼을 하기 전까지 잠깐의 시기만을 청년으로 보았다면, 지금의 청년은 나이보다는 라이프 스타일과 관련된 게 아닌가 싶습니다.

그리고 '다른 지출을 줄여서라도 여가와 취미활동을 한다', '가까운 사람은 깊이 있게 사귀는 편이다'는 질문에 '그렇다'고 답하는 비율이 해마다 늘어나고 있는데, 밀레니얼의 특성이 여실히 드러남을 확인할 수 있습니다.

이런 결과를 보면서, 지금 1인 가구들이 살고 있는 '집'에서 부족한 부분이 무엇인지, 1인 가구가 사는 집이 가족과 함께 사는 집과 어떻게 다른지 고민해봤어요. 저도 10년 넘게 혼자 살고 있는데요. 예전에 가족들과 같이 살 때를 돌아보면, 가족들과 살았던 '집'이 단순한 물리적 혹은 생리적 기능만을 제공했던 건 아닌 것 같습니다. 그 집은 정서적 기능과 다양한 경험까지 제공해 주었는데, 현재 1인 가구들에게 '집'은 단순히 비바람을 막아주고 물건들을 수납하는 물리적 역할에 머물고 있다는 생각이 들어요. 어려움이 생기거나 아플 때 누가 옆에 있다는 정서적인 안정감이 없어지면서, 집에서 방이라는 공간 하나만 빼온 것 같은 거죠. 더불어 더 넓고 좋은 마감재를 쓰고 역에서 가깝고 편하다고 해서 꼭 더 좋은 집은 아니지 않나 하는 생각도 했습니다.

주거 서비스 '라이프'의 가치: 휴식, 영감, 연결

앞의 고민들을 바탕으로 패스트파이브는, 집이 비바람을 피하고 물건들을 수납하는 기능적 공간일 뿐만이 아니라, 개인을 성장시키고 정서적 가치를 제공하는 공간이어야 한다고 결론 내렸어요. 수납장, 벽, 보일러, 에어컨 같은 '하드웨어' 관점만이 아니라 정서적인 서비스까지 가능한 '소프트웨어'가 결합된 라이프스타일 플랫폼으로서 주거 서비스를 바라보게 된 겁니다.

그래서 어떤 집을 만들까 이전에 주거 서비스를 통해 어떤 가치를 주고 싶은지 고민했고, '휴식', '영감', '연결'의 3가지 가치를 정했습니다. 잘 쉴 수 있는 집, 영감을 받을 수 있는 집, 다른 사람들과 연결되어 있다고 느낄 수 있는 집이면 좋겠다고 생각한

"저희는 집이
기능적 공간일 뿐만 아니라
개인을 성장시키고
정서적 가치를 제공하는
공간이어야 한다고 생각합니다.
그래서 주거 서비스를 통해
어떤 가치를 주고 싶은지 고민했고
'휴식', '영감', '연결' 3가지 가치를
주고 싶다고 정했습니다."

건데요. 여기서 말하는 휴식은 잘 먹고 잘 자고 나만의 시간을 충분히 가질 수 있는 것, 즉 몸뿐만 아니라 마음까지 쉴 수 있는 거고요. 영감은 많은 노력 없이도 새로운 자극들을 경험할 수 있고 그것들을 통해 새로운 취향이나 정보를 얻을 수 있는 거고, 연결은 고립감을 느끼지 않고 안전을 보장받으며 새로운 인연을 기대할 수 있는 걸 말해요.

이런 가치들과 함께라면 '가장 보통의 하루'가 보다 괜찮아지고 즐거워질 수 있을 거라고 생각했어요. 아무 약속도 없고 특별할 것 없는 가장 보통의 날들이 우리 삶에서 대부분의 시간을 차지하고 있으니, 보통의 하루가 더욱 풍요로워지는 것이 삶의 질을 높일 수 있는 최고의 방법이라고 생각했습니다.

그러면 어떻게 해야 집에서 제대로 된 휴식을 취하게 할 수 있을까요? 온전히 자신에게 집중할 수 있는 시간이 필요하기에 귀찮은 일들을 줄여주는 편의 서비스를 제공하고자 했어요. 공간적으로는 화려하게 만드는 게 세일즈에는 용이할 수 있지만, 오래 머물러도 질리지 않고 편안한 느낌을 받을 수 있도록 조명의 색상, 간결한 선 등에까지 신경 썼습니다.

일상에서 새로운 자극을 받는 영감을 위해서 디자인에 집중했습니다. 아름다운 공간에 들어가면 기분이 좋아져 다양한 영감을 받을 수 있으니까요. 또 책, 음악, 정보 등 다양한 콘텐츠를 일상적으로 제공하고 이벤트를 열어 새로운 영역을 접할 수 있도록 기획했어요.

연결에 있어서는 맹목적인 네트워킹은 지양합니다. 주거 서비스를 기획할 때 초반에 가장 신경 썼던 부분이 '느슨한 연대'에 대한 것이었어요. 기숙사나 인싸 하우스 같은 느낌보다는 옆집 사람 얼굴 정도는 아는, 삭막하지 않을 정도의 유대감을 원했어요. 관계에서 오는 피로가 없되 약간의 온기를 느낄 수 있는 연결을 지향했죠. 그리고 혼자서 하기 어려운 일들을 함께해나갈 수 있는 발판을 만들고, 좋은 일이 생길 것 같은 기대감 있는 서비스를 제공하고자 했습니다.

종합하자면, 패스트파이브는 앞서 말씀드린 휴식, 영감, 연결을 위해 아름답고 편안한 공간, 편리한 서비스, 다양한 컨텐츠로 이루어진 새로운 개념의 라이프 스타일 서비스를 기획했습니다. 이러한 서비스의 각 영역 가운데 어느 하나라도 부족하게 되면 모든 유기성이 깨지기 때문에 모든 부분에서 완결성을 가질 수 있도록 했어요. 그렇지 않으면 라운지는 텅텅 비고 루프탑은 정글이 될 수도 있으니까요.

공간:
독립적이지만 고립되지 않게

2019년 6월 선정릉역 4번 출구 쪽에 라이프의 1호점 '라이프온투게더(Life on 2.gather)'가 오픈했습니다. 위치를 이곳으로 선택했던 건 공원이 근처에 있고 강남의 주요 지역에 대한 접근성이 좋으면서도 주거 지역에 가까워 조용한 편이라 편안하게 살기 좋은 곳이었기 때문이에요.

건물은 세대 공간과 편의 시설 공간, 공용 공간으로 구성했는데요. 건물 중간층에 세대 공간, 지하에 체육관, 16층에 메인 라운지, 옥상에 루프탑을 두었습니다.

세대부의 경우 최대한 편안한 느낌을 주려고 했어요. 코리빙 이전에 리빙이 기본이기에, 세대 내부에 신경을 많이 썼습니다. 부드러운 선과 색채를 활용했고, 넓은 창과 수납 등 실용성도 갖췄어요. 가구도 디자인과 마감재에 신경 썼고, 침대에서 집 전체 조명을 컨트롤할 수 있도록 한다든지, 침대 쪽에 블루투스 스피커를 둔다든지 하는 세심한 부분까지 공을 많이 들였어요.

공용 공간은 세대 공간과 층 분리를 시켜 본인이 선택하지 않은 교류를 일부러 할 필요가 없게 했습니다. 반대로 다른 사람들과 연결을 원할 때는 같은 건물 안의 공용 공간에서 니즈를 바로 해결할 수 있도록 했고요. 라운지는 카페이자 파티룸의 역할을 하는 공간인데요. 친구와 얘기하거나 프리랜서들이 작업을 하거나 잠자기 전에 책을 읽거나 하는 공간으로, 레이 올든버그의 '제3의 공간'이라고 할 수 있어요. 단순히 거실이 넓은 것과 라운지가 있는 것은 삶의 질에서 차이가 큽니다.

또 라운지와 같은 층에 무인 매점, 세탁실을 두어 굳이 밖에 나가지 않더라도 간단한 음식이나 생필품들 구매할 수 있고, 대량 세탁을 하거나 건조까지 한 번에 시키고 싶을 때 쉽게 이용할 수 있도록 했어요. 그리고 루프탑에 올라가면 뷰가 좋아서 기분 전환에 큰 도움이 돼요. 루프탑 때문에 입주를 선택한 분들이 있을 정도예요. 실제로 입주 후에 루프탑으로 친구들을 많이 부르시더라고요.

물론 요즘 시대엔 시간과 돈을 쓰면 갈 수 있는 좋은 공간이 많지만, 저희가 지향하는 건 어떤 특별한 날에만 특별한 장소에서 특별한 사람들과 특별한 시간을 갖는 게 아니라, 평범한 하루를 조금 더 리프레시하면서 풍요롭게 만들 수 있도록 하는 거였어요. 그런 의미에서 루프탑이나 라운지 같은 공간이 주거 공간과 같은 건물에 있다는 건 큰 장점이죠.

서비스와 콘텐츠:
나에게 집중하는 일상, 새로운 발견

그다음으로 귀찮은 일을 줄여주는 여러 서비스들을 준비해 좋아하는 것들에 더 시간을 쓸 수 있도록 했습니다. 방 청소를 하는 홈 클리닝 서비스는 더 많은 횟수를 원하면 할인된 가격으로 이용할 수 있도록 했고, 이외에도 조식, 세탁, 카셰어링과 같은 서비스를 제공합니다. 더 나아가 취미, 교육, 헬스케어 등의 라이프 스타일 서비스도 제공하고 있는데, 이런 라이프 스타일 서비스는 점점 더 다양하게 늘릴 계획입니다. 그렇게 되면 라이프가 다양한 서비스 플랫폼의 역할을 할 수 있을 거라 기대하고 있어요.

이렇게 서비스를 확장해 나가면서 저희가 놓치지 않으려고 하는 건, 남들이 제공하지 않는 서비스를 하는 것도 중요하지만 기본을 제대로 하는 게 가장 중요하다는 점이에요. 일반적인 임대주택에서는 부동산, 관리소장, 건물주 각각과 파편화된 커뮤니케이션을 해야 하고, 그들의 커뮤니케이션 매너나 속도가 만족스럽지 못한 경우가 많잖아요. 저희는 커뮤니티 매니저를 두어 입주 상담부터 계약, 입주 후 생활까지 전 단계 풀 서비스를 하고 있습니다. 뭐가 망가졌다거나 다른 입주자 때문에 불편을 겪을 때, 기존의 오피스텔이나 원룸에서는 대응이 힘들지만 저희는 커뮤니티 매니저를 통해 원활한 소통과 빠른 대처가 가능해요. 특히 코로나19와 같은 상황에서는 저희처럼 중앙에서 관리하는 부분이 방역이나 안전 관리에서 훨씬 효과적이죠.

매일매일이 지루하지 않고 새로운 경험을 할 수 있도록 라운지에는 기본적으로 책, 잡지 등을 상시로 비치하고, 커피, 얼음, 물 등도 항상 제공합니다. 그래서 별일이 없어도 이 공간에 오면 만족스러운 시간을 보낼 수 있도록 했어요. 그리고 자신의 취향을 기반으로 자연스럽게 참여하고 어울릴 수 있는 이벤트 및 커뮤니티를 기획해 높은 참여율을 달성하고 있습니다. 그림, 책, 글쓰기, 음악, 와인, 영화에서부터 심리 상담, 마사지, 필라테스, 홈파티 등 다양한 경험들이 주 1~2회씩 마련되어 있어요. 매달 10개 이상 이벤트가 진행되고, 전체 입주자의 56%가 참여 경험이 있어요. 저희는 화려한 행사보다는 주거라는 맥락에 맞는 소모임들을 지향하면서, 조금 더 나은 일상을 살 수 있는 다양한 콘텐츠들을 지속적으로 제공하고 있고요. 또 이것과 별개로 반기에서 분기에 한 번씩 입주자들이 대부분 참여할 수 있는 대형 이벤트도 열고 있어요. 라이프온투게더에 서로 알게 돼 사회에서 만나 이렇게 친해질 수 있나 싶게 굉장히 친해진 분들도 계십니다.

1인 가구는 임시적인 삶의 형태가 아니다

라이프온투게더와 관련해 자주 물어보는 질문들에 대해 답해보도록 할게요. 현황 보고라고 할 수 있을 것 같네요. 방은 총 130개가 있고, 방 크기는 5.5평에서 7.5평까지 있어요. 방 자체는 그렇게 크지 않지만 건물의 다양한 서비스를 이용할 수 있기 때문에 단순히 방이 큰 것과는 다른 라이프 스타일을 영유할 수 있습니다.

거주자의 직업군은 다양한데요. 아무래도 가격대가 있다 보니 회사 CEO나 개인 사업자, 전문직 등이 많습니다. 직장인 분들도 물론 많이 계시고요. 여기 사는 분들을 보면 라이프 스타일이 굉장히 다양해요. 출근시간도 다르고 라이프온투게더를 이용하는 형태도 각자 다릅니다. 월세가 비싸긴 하지만 집이 중요하기 때문에 이 정도까지는 부담하고 대신 차는 필요 없다는 분도 계세요. 여자분들이 많이 산다고 생각하거나 가격대를 보고 중년 남성들 정도는 되어야 감당하겠다고 생각하기도 하는데, 오픈한 이래 남녀 비율은 거의 50:50으로 유지되고 있습니다. 나이대는 20대 중반에서 40대 초반까지 다양한 연령대가 함께 지내고 있고요. 저희는 밀레니얼세대의 수요 전반을 성공적으로 흡수했다고 보고 있습니다.

사업적 성과를 간략하게 말씀드리면, 라이프온투게더는 서비스와 인건비로 인해 시세 대비 1.7배의 높은 임대료를 받고 있는데요. 제가 드리고 싶은 말씀은, 단순히 지하철역에서의 거리, 평수, 마감재, 층수 등으로만 결정되던 시장에서, 똑같은 평수와 위치라 할지라도 서비스와 콘텐츠가 부가가치를 낼 수 있다는 점이에요. 좋은 소프트웨어가 제공된다면 높은 비용을 지불하고도 살겠다는 수요가 있다는 거죠.

저희도 높은 가격대 때문에 걱정을 많이 했는데, 그럼에도 불구하고 2개월이라는 짧은 시간 안에 완판이 됐어요. 저희는 라이프온투게더의 입주자들을 보며, 1인 가구가 임시적인 삶의 형태가 아니라는 것을 확신하고 있습니다.

다양한 형태와 가격대의 '라이프'들이 이어질 것

마지막으로 마케팅에 대해 말씀드릴게요. 아무래도 새로운 콘셉트의 상품이라 기존의 부동산 채널로는 판매가 어려웠어요. 이건 패스트파이브의 공유 오피스도 마찬가지예요. 역에서 몇 분 거리, 몇 평에 얼마, 이런 식으로 커뮤니케이션 되는 기존 채널에 올려서는 '와, 비싸다'라며 아무도 안 와요. 그래서 저희는 온라인 마케팅을 진행했습니다. 인스타그램, 페이스북 등에 저희가 전하고자 하는 상품의 가치와 정보들을 효율적으로 스토리텔링해 전달했어요. 아마도 선정릉역 주변에 살다가 오신 분은 20%도 안 될 거예요. 대부분 강남, 역삼, 청담, 압구정 쪽에 살았거나 그쪽에서 집을 구하던 분들이 저희 광고를 보고 와서 입주하게 된 케이스예요. 그러니까 기존의 부동산들이 커버하는 것보다 훨씬 더 넓은 영역에서 고객을 유치할 수 있었던 겁니다.

저희는 라이프를 2호점, 3호점으로 계속 확장할 준비를 하고 있습니다. 저희 계획은 좀더 다양한 형태와 가격대의 주거 서비스를 계속 선보이는 거예요. 테슬라와 비교해볼게요. 테슬라의 첫 번째 차종은 굉장히 고가였어요. 초반에는 인프라도 빈약하고 원가 관리도 힘들어 아예 퀄리티 높은 프리미엄 상품을 소수의 사람에게 제공했지만, 나중에는 보급형 상품들이 많이 나왔어요.

이처럼 패스트파이브의 주거 서비스도 1호점은 기존의 건물을 개조하면서 원가가 높게 들어갔지만, 앞으로 저희 서비스에 특화해 건물을 지으면 원가가 낮아져 임대료가 내려갈 수 있을 거예요. 서비스의 측면에서도 첫 시도라 프리미엄 서비스로 론칭했지만 장기적으로는 더 다양하고 효율적이고 합리적인 서비스가 마련될 수 있을 거라고 생각합니다.

저는 패스트파이브의 주거 서비스 상품이 1인 가구의 주택 시장을 싹 바꿀 거라고 보지는 않습니다. 다만 기존 상품들로 만족하지 못했던 사람들에게는 아주 유의미한 하나의 주거 형태가 될 거라고 확신합니다.

강연 한눈에 보기

패스트파이브 개요

- 2015년 설립 된 국내 최대 멤버를 보유한 공유 오피스 회사
- 연매출 500억 원 이상
- 부동산 플랫폼 회사로서 프리미엄 주거 서비스 '라이프' 시작

'라이프'를 시작한 이유

- 일상의 가장 기본이 되는 공간인 '집'을 재정의
- 밀레니얼 1인 가구 증가로 새로운 주거 시장이 형성됨.
- '소유'에서 '주거'로 주택 인식 변화

'라이프'의 가치: 휴식, 영감, 연결

- 공간, 서비스, 콘텐츠가 결합된 '라이프 스타일 서비스'로서의 주거 서비스 필요

라이프 1호점: 라이프온투게더(2019년 6월 오픈, 선정릉역 부근)

- 공간: 독립적이지만 고립되지 않은 공간 구성
  아름답고 편안한 세대 공간+편의시설, 제3의 공간
- 서비스: 귀찮은 일을 줄여 나에게 더욱 집중할 수 있는 일상
  생활편의 서비스와 컨시어지 서비스 제공
- 콘텐츠: 지루하지 않은 일상, 새로운 발견
  문화 콘텐츠와 이벤트, 커뮤니티 제공

행동하는 개인이 모여 사회를 움직인다

육심나, 카카오 소셜임팩트 이사

저는 카카오에서 소셜임팩트를 담당하고 있는 육심나입니다. '착하다', '선하다'는 것을 다소 촌스럽고 올드하다고 생각할 수 있는데, '착하다'는 의미와 '플렉스'라는 단어를 결합한 '착한 플렉스'라는 주제가 마음에 들어 강연 제안을 받았을 때 흔쾌히 수락하게 되었어요.

오늘 저는 선하면서도 힙하고 멋진 삶에 관한 카카오의 실험 이야기를 들려드리려고 합니다. 그것을 한마디로 표현하면 '행동하는 개인이 모여 사회를 움직인다'입니다. 여기서 개인은 바로 '나'예요. 나로부터 시작하는 변화를 말하는 거죠. 여러분과 저, 한 명 한 명이 움직여야 세상이 움직입니다.

기부에도 트렌드가 있다

통계청의 공식 자료에 의하면 기부에 참여하는 사람들이 계속 줄고 있다고 합니다. 2011년에는 36.4%였는데 2019년에는 25.6%까지 줄었어요. 작년에 이 자료를 보고 너무 안타까웠어요. 올해는 오르지 않을까, 더 참여하지 않았을까 기대했는데 기부 참여율이 또 떨어졌더라고요. 왜 계속 떨어질까요?

요즘 사람들은 소수의 먼 이야기에는 잘 반응하지 않아요. 기관을 통해 정기 후원을 해도 수혜자들에게 제대로 가는지 운영비로 써버리는지 알 길이 없으니 잘 참여하지 않죠. 가까운 내 이야기로 느껴져야 사람들의 마음이 움직여요. 또 너무 교훈적이고 도덕적인 이야기에는 거부감이 있어요. 너무 착한 얘기만 하는 친구는 재미없잖아요. 재미있으려면 내가 직접 참여할 수 있어야 해요.

밀레니얼 세대들은 수직적인 것도 좋아하지 않아요. 기부자와 수혜자의 수직적인 관계는 요즘 트렌드에 맞지 않죠. 내가 기부자가 되는 게 아니라 그 안에 소속되어 수평적으로 참여를 할 수 있어야 돼요. 또 좋은 일들은 너무 벅찬 빅 픽쳐일 때가 많아요. 스몰 스텝이어야 합니다. 한 계단씩 올라가는 건 쉬우니까요.

카카오의 기부 그래프를 보면, 대한민국 전체 기부율이 2011년에서 2019년 10.6% 떨어지는 동안, 카카오의 소셜임팩트 플랫폼 '같이가치'에서는 참여 건수가 50만에서 600만 가까이까지 10배 넘게 증가했어요. 카카오에서 작년에 론칭한 '프로젝트 100' 플랫폼의 신청건수 역시 수직상승하고 있습니다.

'우리'라는 개념의 재탄생

기부 참여가 자꾸 줄어드는 상황에서 어떻게 카카오 소셜임팩트 참여자들은 많아질 수 있었을까요? 이를 알기 위해서는 먼저 우리 사회와 개인에 대한 이해를 해야 합니다.

지금 우리 사회는 지쳐 있어요. 왜 지쳤냐 하면 불안하고 불확실하기 때문이에요. 당장 6개월 후, 1년 후 내가 어떻게 되어 있을지 잘 모르잖아요. 저희도 '내년에는 이걸 바꿔보자' 하다가도 농담처럼 '내년에 몇 명이 여기 남아 있을지 몰라' 그러거든요.

그렇기 때문에 불안하고 불확실한 한국사회에서 믿을 건 '나'와 '지금'밖에 없어요. 요즘 개인들은 남보다 내가 중요하고, 내 마음이, 내 자신이 너무 애틋해요. 휘발되는 가치라도 내게 의미 있으면 소비하고, 미래보다 오늘이 중요하죠. 소유보다 경험이 중요하고, 진지함과 불편함보다 재미와 유머를 추구하며, 취향 중심의 느슨한 커뮤니티를 원해요.

그러면 이런 개인들은 사회를 아예 돌보지 않고 움직이지도 않을까요? 아니에요. 신기하게도 움직여요. 오히려 옛날보다 움직임이 더 느껴져요. SNS를 통해 익명이 아닌 정체성 있는 개인

"사람에게는
'내가 좋은 일을 했구나'보다
'나는 좋은 사람이야'라고
느끼는 게 더 중요하대요.
그런데 좋은 사람이라고 느끼려면
나 자신이 충만해야 해요.
작은 성취감이 충만함을 만들 듯,
나로부터 시작하는 작은 변화가
좋은 사회의 밑거름이 되요."

들이 등장해 소신 있게 자기 발언을 하고 있어요. 그리고 말만 하지 않고 지금 즉시, 내가 서 있는 곳에서 할 수 있는 것을 하죠. 부당하고 불평등한 사회에 대해 직접적인 액션도 하고요. 시민이 대통령을 바꾸는 움직임을 만들어 내는 게 우리나라잖아요. 또 경제활동에 사회적인 의미를 부여합니다.

그렇다면 이러한 개인들의 움직임을 어떻게 확장해야 할까요? 저는 여기서 '우리'의 개념이 바뀌고 있다는 걸 말하고 싶어요. 옛날에는 우리 학교, 우리 가족, 우리 반, 우리 회사, 이런 식으로 딱 짜여진 '우리'가 있었다면, 지금은 함께 공명하는 타인과의 느슨한 만남을 기반으로 각각의 개인, 개인, 개인들이 모인 '우리'라는 개념이 생겨나고 있어요. 예를 들어 BTS의 팬클럽 아미는 처음부터 조직화돼서 움직인 게 아니에요. 팬들 한 명 한 명이 모이면서 움직임이 형성된 거거든요. 그 개인들이 정말 조직적으로 잘 움직여요. 서로 모르는 사람들끼리 마치 회사처럼 연예인들을 후원하더라고요.

카카오는 이렇게 사회와 개인, 움직임과 그 확장 과정을 이해하기 위해 노력하면서 서비스를 만들어가고 있습니다.

프로젝트100:
매일의 작은 성취가 나를 좋은 사람으로 만든다

카카오 소셜임팩트에는 모금참여 플랫폼 '같이가치'와 행동참여 플랫폼 '프로젝트100'이 있습니다. 같이가치는 많이들 아시는 모금참여 플랫폼의 형태입니다. 모금참여 플랫폼에 대해서는 대중적으로 널리 아시는 만큼 오늘은 '프로젝트100'을 중심으로 말씀드리도록 할게요.

프로젝트100은 100일 동안 미션을 완수하는 거예요. 매일매일 도장을 찍듯이 인증을 해서 목표를 달성하는 건데, 그 목표는 뭔가 긍정적인 변화를 만들어 내는 목표예요. 예를 들면, 매일 계단 오르기, 100일 동안 100명에게 감사하기, 매일 저녁 채식하기, 그림책 하루 한 권 읽기 등 주제는 무척 다양해요. 개인이 이런 프로젝트를 올리고, 함께할 신청자를 받아요.

기간을 100일로 정한 이유는 뇌에 습관 회로가 생기는 데 걸리는 시간이 100일 정도이기 때문이에요. 반영구적인 습관 회로가 형성되는 게 100일이기 때문에 100일까지 가는 게 정말 힘들어요. 10일, 20일 갈수록 점점 의지가 떨어지거든요. 그래서 '시작'과 '지속가능성'이라는 포인트를 굉장히 중요하게 생각하고 있어요. 그래서 프로젝트를 시작할 때 각자 실천보증금을 걸어놓고, 인증 못한 날만큼 나중에 기부를 해요. 실천보증금이

1만 원인데 인증하지 못한 날이 10일이면, 1,000원을 기부하고 9,000원은 환급받는 거죠. 기부할 곳은 같이가치 기부함에 있는 단체 가운데 선택할 수 있고, 금액도 늘리거나 줄일 수 있어요. 그러니까 처음부터 좋은 일을 하려고 시작을 하는 건 아닌데, 하다 보니 좋은 일도 하게 되는 식인 거예요. 신기한 건 기부금액을 줄이는 사람과 늘리는 사람이 비슷해서, 거의 예상되는 기부금이 모인다는 거였어요. 원래 이 서비스는 카카오 내에서 크루들과 글쓰기를 목표로 동아리처럼 운영을 하려고 시작했는데, 10개의 프로젝트가 되고, 50개가 되면서 결국 서비스화 되었습니다.

저는 프로젝트100을 담당하는 부서의 총괄자다 보니 4개의 미션에 참여하고 있는데요, 사실 크게 힘들지 않아요. 업무로 볼 수도 있지만, 한 명의 참여자로서 동참하고 있는 만큼 데 저 또한 나 자신의 변화를 직접적으로 느끼고 있기 때문입니다. 회사 출근이 10시다 보니 저녁형 인간이 되어 버려서 이번 시즌에 '매일 7시 기상' 프로젝트를 개설하게 되었는데요. 딱 하루 빼고 성공했어요. 허겁지겁 일어난 날은 이불은 둘둘 말린 상태에서 옷도 쌓아놓은 채로 나오게 되었는데 일찍 일어나니 차 한잔과 독서를 즐길 수 있는 여유를 느끼게 되고 하루가 바뀌더라구요. 늦게 나온 날은 지하철 문이 닫힐 때 급하게 뛰어 문에 끼기 직전에 타는 사람을 보면, '그러게 좀 일찍 나오지' 이런 생각을 하지만, 여유 있게 나온 날은 '저 사람이 타서 다행이다' 이렇게 생각하기 때

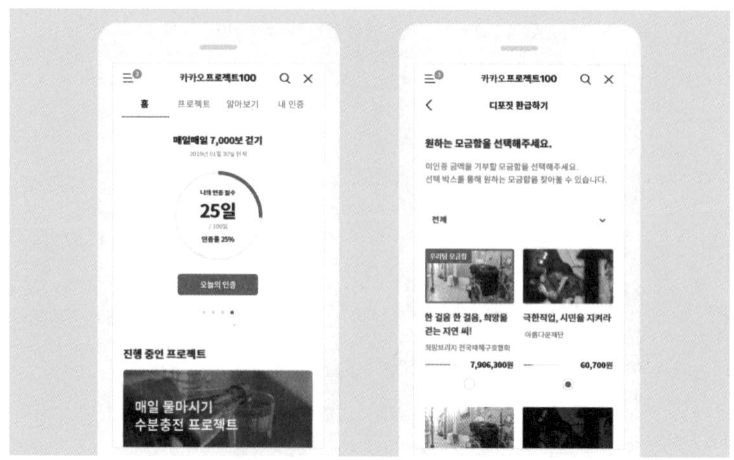

▲ 프로젝트 100 진행 이미지 (출처: 카카오 소셜임팩트 제공)

문에 기상 하나로 많은 것이 변화하게 되었어요. 반면, 기상 미션을 하면서 일찍 일어나서 느긋하게 차 한잔 마시고 책 한 줄이라도 읽고 나오니까, 누가 지하철 문으로 뛰어오면 그 사람이 못 탈까 걱정하고 타게 되면 다행이라고 기뻐하는 마음상태가 되더라고요.

사람에게는 '내가 좋은 일을 했구나'보다 '나는 좋은 사람이야'라고 느끼는 게 훨씬 더 중요하대요. 그런데 좋은 사람이라고 느끼려면 나 자신이 충만해야 해요. 일찍 일어났다는 성취감이 저를 충만하게 해 너그럽고 예쁜 마음을 쓰도록 만들었죠. 이런 스몰 스텝들이 나로부터 시작하는 작은 변화를 만들어 좋은 사회의 밑거름이 되는 거예요.

나를 움직이는 힘 1.
확실함, 일상적, 쉬움

다시 '행동하는 개인이 사회를 움직인다'는 이야기로 돌아가 볼게요. 카카오는 사람들이 행동하기 힘들어하는 이유를 찾기 위해 하나의 가설을 세웠어요. 그것은 '사람들은 타인과의 관계와 사회에 선한 영향력을 발휘하기를 바란다'는 거예요. 하지만 이런 바람을 가지고 있지만 행동하지 않는 데는 2가지 유형이 있다고 보았어요.

첫 번째 유형은 '해볼래' 파예요. 이 사람들은 행동하고 싶지만 뭘 해야 될지 몰라요. 기회가 없다 보니 시작하기 힘들고, 꾸준히 할 수 있을까 확신도 없는 사람들이죠. 이들에게는 동기부여가 필요해요. 쉽게 시작하고 참여할 수 있으면서도, 개인이 관심을 가진 의미 있는 아젠더 세팅에 함께해야 해요. 응원해주고 함께해주고, 한정된 기간에 성취할 수 있는 것이면 더 좋아요.

두 번째는 '해도 안 돼' 파예요. 뭔가 행동해봤자 달라질 게 없다는 생각이 강한 사람들이에요. 이들에게 필요한 건 직접 공감하고 경험해서 마음이 움직이도록 하는 거예요. 두 유형 모두 불확실한 '사회'와 '미래'에서 확실한 '나'와 '지금'으로 끌어당기면 반드시 움직입니다.

나를 움직이는 힘에 관한 이야기를 조금 더 구체적으로 해볼게요. 나를 움직이는 첫 번째 힘은 '확실함', '일상적', '쉬움'이에요. 일단 미션이 어려우면 안 돼요. '매일 텀블러 사용하기', 어때요? 쉽죠? 사용하고 나서 사진만 찍어 올리면 도장이 팡팡 찍혀요. 나는 환경과 내 건강을 생각했을 뿐인데, 자연스럽게 기부까지 하게 돼요. '매일 걷기'는 어떨까요? 살이 많이 쪄서 다이어트하려고 걷기 미션에 도전했는데, 기부로 이어져요.

이런 사람들을 처음부터 기부로 끌어당기는 건 어렵지만, 관심 있는 부분으로 끌어당기니까 되더라고요. 이렇게 '프로젝트 100'을 통한 기부가 1억 원이 넘었어요.

'같이가치'도 마찬가지입니다. 같이가치의 여러 기부함에 직접 기부를 할 수도 있지만, 응원이나 공유, 댓글을 달면 카카오가 대신 100원을 기부해요. 같이가치에 와서 응원을 누르거나, 친구에게 카톡으로 공유하거나, 힘내라는 댓글만 달아도 도움이 필요한 사람에게 갈 기부금이 쌓이는 거죠. 카카오에서는 이들을 '참여 기부자'라고 부릅니다. 모금이 종료된 뒤에는 기부자들에게 카톡으로 모금 후기를 보내는데요. 그러면 참여 기부자들이 다시 와서 직접 기부를 하는 경우도 많아요. 이 모든 과정이 아주 쉽게 이뤄져요. 같이가치에서는 모금 프로젝트당 평균 530만 원 정도의 기부금이 모금되고요. 지금까지 1만 2,000개가 넘는 프로젝트에 3,000만 명이 넘는 기부자들과 함께 350억 원이 넘는 기부금을 모아 전달했어요.

나를 움직이는 힘 2.
공감과 신뢰

나를 움직이는 또 다른 힘은 '공감'과 '신뢰'예요. 공감하지도 신뢰하지도 못하는 사람과는 아무것도 같이하고 싶지 않아요. 당연히 그 사람을 도와주고 싶지도 않을 거예요.

이건 공감을 위한 소소한 팁이라고 할 수 있는데요. 요즘 세대들은 긴 글을 잘 읽지 않아요. 저도 요즘에는 유튜브나 카드뉴스형 콘텐츠를 많이 보거든요. 예를 들어 '평생 육아에 지친 장애인 부모, 힐링이 필요해요.'라는 모금함이 있다고 하면요. 스토리형 콘텐츠로 구구절절 적는 것보다는 카드뉴스형으로 '딸 아이가 태어난 지 10개월. 뇌성마비 장애 진단을 받았습니다.'라는 짧은 글과 함께 한 컷의 이미지 영상을 올리는 편이 훨씬 많은 사람들에게 공감을 이끌어낼 수 있습니다.

그리고 신뢰를 위해서는 모든 것이 투명해야 해요. 제가 많이 강조하는 것 중에 하나가, 기부를 하면 그때부터 시작이라는 거예요. 그런데 많은 기부 단체들은 기부금을 받으면 끝이라고 생각하는 경우가 많아요. 말하자면 아쉬운 쪽이 바뀌는 거죠. 옛날에는 '1억 원 후원' 이런 식으로 숫자가 써 있는 사진 많이 볼 수 있었죠. 더 이상 사람들은 그런 걸로 움직이지 않아요. 후기를 공유해야 되고, 사용내역을 밝혀야 해요. 그래서 '같이가치'에서는 모금 후기를 꼭 올리고, 사용내역도 깨알 같은 것까지 다 공개해요. 그걸 보고 투명하고 신뢰할 만하다고 생각하면 사람들이 움직이게 됩니다.

나를 움직이는 힘 3. 커뮤니티와 참여

그리고 나를 움직이는 힘은 커뮤니티와 참여입니다. 처음에 말씀드린 것처럼 저기 멀리 있는 소수의 이야기로는 사람들이 움직이지 않아요. 프로젝트100은 팀 단위로 운영되기 때문에 나의 인증 현황뿐만 아니라 팀의 현황도 나와요. 우리 팀이 현재 70%, 80% 달성했구나 라고 알 수 있는 거죠. 저도 프로젝트 하나를 개설한 매니저로서 책임감을 갖고 있기 때문에 열심히 참여 안 하시는 분이 있으면 댓글을 달아드려요. '내일은 꼭 열심히 해보세요.'라고요.

프로젝트별로 오픈 채팅방도 개설할 수 있어요. 매니저가 오픈채팅방을 만들면 모르는 사람들끼리 서로 '사랑해요', '고맙습니다', '온라인에서 찐친을 만난 것 같아요'라고 톡을 남기며 같은 취향과 관심사를 가진 사람들과 함께한다는 사실에 엄청 행복해해요.

한번은 《당신이 옳다》를 쓴 신경정신과 정혜신 선생님과 함께 '충고, 조언, 평가, 판단하지 않기 100일(당옳플백)'을 진행했어요. '당옳플백'에 참여했던 분 가운데 방송 업계의 노동 문제를 지적하며 세상을 떠난 이한빛 PD의 부모님이 계셨는데, 두 분의 만류에도 당옳플백 오픈채팅방에서 이 PD의 부모님이 아들의 뜻을 이어받아 설립한 한빛미디어 노동인권센터에 참여자들의 기부금을 모아주기로 결정했고, 많은 분들이 센터의 정기후원자가 되었어요. 저도 그중 한 명이고요. 프로젝트100을 통해 나를 위로해주는 사람들을 만나고, 좋은 일을 하는 사회단체의 정기후원자가 되는 체험까지 연결 된거지요.

'나'로부터 시작된 변화

프로젝트100에 참여한 다른 사람들은 어떤 변화를 경험했을까 궁금했어요. 그래서 설문조사를 했더니, '뭘 시작해야 할지 몰랐는데, 무엇이든 시작할 수 있는 계기가 되었다', '매일매일 스몰 스텝을 밟으며 목표를 향해 올라가다 보니 내가 좋은 사람이라는 걸 발견했다', '혼자인 줄 알았는데, 함께하는 이들의 응원과 용기에 힘이 났다', '되는 일이 없어 막막했는데, 소소하면서 확실한 성공을 경험하니까 지속하는 힘이 생겼다'와 같은 답이 많았어요.

프로젝트100으로 변화한 사람은 제 가까운 주변에도 있어

"'지금' 이 순간,
'나' 자신이 중요해요.
하지만 그걸로 끝나선 안 돼요.
'나'들이 모여 '우리'가 되고,
'지금'의 노력이 쌓여 '일상'이 되어,
실제 사회와 미래를
바꿔나갈 수 있습니다.
이것이 포인트입니다."

요. 바로 저희 아빠예요. 아빠가 퇴직하신 뒤 집에 계시면서 온라인 바둑게임에 빠지셨어요. 아빠에게 '100일 등산하기' 미션을 소개시켜 드리며 엄마와 함께 해보시라고 권했죠. 그랬더니 부모님 생활이 확 바뀌었어요. 운동하니까 행복하고 인생이 즐겁다면서 매일 두 분이서 산에 오르고 계신데, 아빠가 변하니까 엄마가 제일 좋아해요. 아빠는 등산을 통해 활기를 찾더니 서예도 시작하셔서 이제 글씨를 작가처럼 쓰신답니다.

결국 '지금' 이 순간, '나' 자신이 중요해요. 하지만 그걸로 끝나선 안 돼요. '나'와 '지금'의 이야기를 드린 이유는, 우리가 '미래'와 '사회'를 만들어가야 하는 주체이기 때문이에요. '나'들이 모여 '우리'가 되고, '지금'의 노력이 쌓여 '일상'이 되어, 실제 사회와 미래를 바꿔나가는 것, 이것이 포인트입니다.

'개인→우리→사회'로의 멋진 확장

카카오 소셜임팩트 플랫폼에서는 '개인→우리→사회'로 확장된 멋진 예들을 쉽게 발견할 수 있어요. 먼저 프로젝트100에서 진행됐던 사례들을 소개할게요.

코로나 때문에 힘들어진 동네책방을 후원하고자 2020년 5월, 서울시와 함께 '30일 랜선 북클럽'을 시작했어요. 동네 책방별로 책 1권을 선정해 시민들이 30일간 책을 읽고 채팅으로 토론

하는 건데요. 시작은 내가 좋아 하는 책 때문이었지만 그게 책 읽는 커뮤니티가 되고 나아가 동네책방 활성화, 소상공인 지원으로 확장되었습니다. 참여하면서 우리 동네에 동네책방이 있다는 걸 알게 되고, 이왕이면 온라인 구매보다 동네책방에 가는 결과로까지 확장된 거죠.

'하루 만보 걷기' 프로젝트도 마찬가지예요. 유럽은 동네 스포츠센터가 정부 지원으로 럭셔리하게 운영되는데 그게 복지비, 의료비를 낮추는 효과가 있다고 하더라고요. 나를 위한 걷기에서 시작해서 걷기 커뮤니티로, 나아가서 국민 건강 개선까지 되는 거예요. 그리고 환경 개선에 동참하는 것으로 확장돼요. 걷는 목표를 채우려고 계단을 이용하니까 엘리베이터 운행을 줄일 수 있고, 자가 운전하는 사람들이 걷기 위해 대중교통을 이용하니까요.

'나의 미니멀라이프' 프로젝트는 아름다운 가게에서 시작한 건데요. 집에서는 안 쓰는 물건이지만 나눔할 수 있는 것들을 하루에 하나씩 정리해서 아름다운 가게에 보내는 거예요. 나의 주거공간이 깔끔해지는 것에서 환경 개선으로 이어지고, 미니멀라이프를 했을 뿐인데 기부까지 하게 되죠.

'양준일과 함께 매일 영혼의 말 한마디' 프로젝트는 가수 양준일 씨가 매니저예요. 카카오에서 양준일 씨에 프로젝트100에 함께하자고 제안했더니, 양준일 씨가 공감하고 위로하는 말을 하루에 하나씩 하는 미션을 하고 싶다고 했어요. 이 프로젝트에 1,000명이 참여했는데, 1,000명이 100일이면 10만 개의 위로하는 말이 생겨나는 거예요. 저 역시 양준일 씨의 찐팬 중 한 명이라 이 프로젝트에 참여 중인데요. 팬심과 덕질에서 시작해 긍정적 커뮤니티 참여로 이어지고, 나에 대한 성찰을 통해 공감과 배려가 가득한 사회를 만들어가는 것이 목표입니다.

하나 더 볼까요? '농인 아티스트와 함께 수어라차차' 프로젝트는 100일간 2곡의 K-pop을 수어로 배워보는 미션이에요. 영상을 보면 우리가 흔히 생각하는 수화와 느낌이 달라요. 완전 힙해요. 영상을 통해 K-pop을 수어로 배우다 보면, 수어에 대한 관심과 더불어 다양성에 대한 이해를 하게 되고, 심지어는 수어극단에 지원하는 사람이 되기도 합니다.

같이가치에서는 '아이와 함께 만드는 크레파스'라는 프로젝트가 있습니다. '옮김'이라는 비영리단체의 프로젝트인데요. 안 쓰는 크레파스를 모아 새 크레파스를 만들어 필요한 곳에 보내는 거예요. 만들기를 좋아하는 아이들과 어른들이 직접 크레파스를 만드는 경험을 하면서 그 결과물을 비영리단체에 후원하고 환경운동가가 되기도 합니다.

행동하는 개인의 작은 시작이 사회를 움직인다

카카오 소셜임팩트는 시간과 지속가능성에 대한 고민을 많이 하고 있습니다. 앞으로의 계획은, 보다 나은 미래를 만들기 위해 의미 있는 실험을 하고 있는 활동가, 혁신가, 창작자 들을 위한 지원 사업을 하는 거예요. 한국에서는 특정한 한 사람을 발굴해 지원하는 사업은 잘 안 해왔어요. 왜냐하면 숫자가 중요했거든요. '1억 원으로 몇 명에게 혜택을 주었다'는 식의 접근법으로는, 한 활동가를 몇 년 동안 지원하는 일은 할 수 없지요. 하지만 저희는 미래를 위해 노력하는 활동가들이 지속적으로 일할 수 있도록 지원하는 사업을 한번 꼭 해보고 싶어서 방법을 고민하고 있습니다.

지금 행동하는 개인, 바로 '나'의 작은 시작이 사회를 움직이고, 함께 더 나은 미래를 만듭니다. 우리가 사회를 움직이는 주체인 만큼 각자 책임감을 갖고 살았으면 좋겠습니다. 절대 어려운 일이 아닙니다. '나'부터, '지금'부터 좀 더 나은 미래를 위해 변화를 시작해보기를 바랍니다.

기부 참여 비교

- **우리나라 전체** 2011년 36.4% → 2019년 25.6% (10.6% 하락)
- **카카오 같이가치** 2011년 50만 건 → 2019년 600만 건 (10배 이상 상승)

: 모바일을 통한 언제든 쉽고 일상적이고 확실한 참여로의 변화 필요성 확인

기부 트렌드의 변화

- 소수의 먼 이야기 → 가까운 내 이야기
- 교훈적 → 참여적
- 수직적 → 수평적
- 빅 픽처 → 스몰 스텝

사회와 개인에 대한 이해

- **사회** 불안하고 불확실한 한국 사회
  #노오력의배신 #88만원세대 #N포세대 #흙수저 #헬조선 #이생망 #존버 #번아웃증후군
- **개인** '내'가 중요한 밀레니얼 세대
  #마이싸이더 #가취관 #죽고싶지만떡볶이는먹고싶어 #소유보다경험 #YOLO #탕진잼
- **움직임** 개인의 일상과 사회 문제의 연결
  #소피커 #시민력 #굿즈_가치를사고팔다 #사회적감수성 #담론보다액션

#일상의실천 #소비밸

- **확장** 사회적으로 확장된 '우리'라는 개념의 재탄생

  #weness #느슨한연대 #간접의직접화 #뉴파워 #리좀 #디지털민주주의

  #조직없는조직화

카카오 소셜임팩트 플랫폼

- **모금참여 플랫폼** 같이가치
- **행동참여 플랫폼** 프로젝트100

카카오 플랫폼의 실험에서 확인한 나를 움직이는 힘

- 확실함, 일상적, 쉬움
- 공감과 신뢰
- 커뮤니티와 참여

선한 플렉스의 발견

- 카카오 소셜임팩트 플랫폼에서 발견한 '개인→우리→사회'로의 확장

  : 지금 행동하는 개인의 작은 시작이 사회를 움직이고 함께 더 나은 미래를 만든다!

선한 영향력의 시대, 홀로 성장하는 시대는 끝났다

이소영, 마이크로소프트 아시아 이사

저는 마이크로소프트(이하 MS)에서 아시아 리전 매니저(regionl manager)로 일하고 있는 이소영입니다. 함께 성장하는 힘인 커뮤니티 리더십과 이를 통한 선한 영향력이 어떻게 기업을 성장시키는지 이야기 드리겠습니다.

척박한 땅에서도 꽃은 피어난다

저는 MS에서 MVP(Most Valued Professional) 프로그램으로 커뮤니티 리더들과 기술 인플루언서들을 관리하는 글로벌 인플루언서 팀에서 일하고 있습니다. 한국뿐만 아니라 일본, 중국, 인도 등 전체 아시아와 호주, 뉴질랜드까지 커버하고 있어서 굉장히 다양한 사람들과 같이 일을 하고 있어요. 저희 팀원들도 다 외국인이고요. 이렇게만 소개를 드리면 영어를 잘하는 교포나 강남 출신으로 생각하는 분들이 많은데, 저는 거제도 바닷가에서 태어나고 자랐습니다.

제가 대학을 졸업했을 때는 IMF 시절이었어요. 취직할 곳을 찾을 수가 없어서 대학 선배, 친구와 인터넷 벤처회사를 설립해 사회생활을 시작했어요. 그곳에서 저는 고생과 성장을 함께 경험했습니다. 사수가 없어서 제가 바로 실장이 되어 주인의식을 가지고 일하는 습관을 기를 수 있었습니다. 가르쳐줄 사람이 없다 보니 온 세상이 저의 선생님이 되어 주더라고요. 여기저기 다니면서 뭐든 배우려고 노력했어요. 당시에 월급 50만 원을 받으며 헝그리 정신으로 살았는데, 3년을 열심히 했지만 회사가 망했어요. 그래도 세상이 끝나는 것도, 죽는 것도 아니라는 걸 몇 년의 사회생활을 통해 처절히 깨달았습니다.

네트워킹의 힘!

그후 다른 인터넷기업을 거쳐 MS에 입사했어요. 입사가 결정되자마자 '이제 고생 끝, 탄탄대로 시작이다'라고 생각했는데, 입사하자마자 제가 맡은 서비스인 MSN 메신저가 장장 7년 동안 계속 추락하는 거예요. 네이트온이라는 강력한 경쟁자가 나타나면서 아무리 노력을 해도 회복이 안 되었어요. 다행히 제가 잘리지는 않았어요. 해킹과 같은 이슈들이 생겨 검찰청과 경찰서에 가야 될 사람이 필요했고, 본사에서 나올 때마다 대응할 담당자도 필요했거든요. 그러다 보니 스트레스가 너무 많아 히스테리 증상까지 생겼어요. 그러다 결국은 MSN 메신저 서비스가 중단되면서 부서 전체가 공중폭파 됐어요. 저는 16년간 MS에 있으면서 이렇게 부서가 공중폭파 되는 경험을 5번 했어요. 그런데 MS에서는 부서가 없어질 때 그전까지 열심히 일한 사람의 앞날을 보장해주지 않아요. 다른 부서로 옮겨준다든가 하는 일이 없고, 본인이 알아서 자기 앞가림을 해야 하죠.

이건 MS만의 특화된 문화는 아니고, 미국 문화이기도 하고 IT기업의 특성이기도 하더라고요. 구글, 아마존 등 실리콘밸리에 있는 기업 대부분이 이와 같습니다. 쉽게 생각하면 큰 기업 안에 작은 벤처가 수백 개 있다고 생각하시면 돼요. 좋은 아이디어가 있으면 시도해보라고 하고, 회사에서 지원도 해줍니다. 잘되면 투자를 더 많이 하고요. 그러다 안 되면 가차없이 부서를 없애버려요. 그러면 그 부서가 우리나라처럼 다른 부서로 옮겨지는 게 아니라 직원들이 스스로 알아서 자기가 갈 곳을 찾아야 해요. 그래서 실리콘밸리에서 일하는 사람들은 평소에 자기 살 길을 마련해두려고 노력해요.

제가 처음 본사에 출장 갔을 때, 지나가는 사람들이 처음 보는 저에게 다들 인사를 하고, 밥을 혼자 먹고 있으면 와서 같이 먹어도 되겠냐고 하고, 묻지도 않은 얘기를 하더라고요. '섹스 앤 더 시티' 같은 미국 드라마에 잘 나오는 스탠딩 파티에 실제로 가 보면 각자 잔 하나씩 들고 모르는 사람들과 쓸데없는 얘기를 끝도 없이 해요. 이런 것들이 다 네트워킹을 위한 노력이더라고요.

부서가 없어지거나 너무 이상한 사람이 상사로 오거나 등의 폭탄 같은 일이 벌어졌을 때, '너, 나 알지? 지난번에 같이 점심 먹었잖아. 너희 팀에 결원이 생겼다고 들었는데 내가 인터뷰 한 번 봐도 될까?'라는 식의 자연스러운 연결이 가능하도록 미리미리 준비해두는 거예요. 평소 네트워킹을 잘해놨던 사람들은 새로운 자리를 잘 찾아가지만, 한국에서 이런 경험을 못 해본 사람은 당황할 수밖에 없지요. 나는 누구이고 어디로 가야 되는지 막막해지는 거죠.

MS의 MVP:
뛰어난 커뮤니티 리더십의 소유자들

커뮤니티 공부를 한 마디로 표현하면 'OO하기' 공부입니다. 커뮤니티라고 해서 오프라인 모임이나 온라인 카페처럼 사람들이 모인 곳을 말하는 건 아니에요.

공부의 성격에 따라 내향적인 것과 외향적인 것으로 나뉘는데요. 내향적인 것에는 전문서적 번역하기, 블로그에 올릴 글이

나 칼럼 작성하기, 도서 집필하기, 지식인이나 기술 포럼에 답변하기, 트위터나 페이스북 등의 소셜 미디어 활동하기 등이 있고, 외향적인 것에는 실제 외부에 가서 그룹 활동하기, 유튜브 방송하기, 콘퍼런스 발표하기, 스터디 활동하기, 앱 개발하기 등이 있어요. 무슨 말이냐면 커뮤니티 공부는, 시험을 잘 치기 위해 혼자 책 읽고 공부하는 게 아니라, 무언가를 하는 과정에서 다른 사람과 자연스럽게 나누는 공부인 거죠. 블로그 활동도, 번역이나 집필도, 소셜 미디어 활동도 모두 내가 공부해서 다른 사람한테 나눠주는 거잖아요.

이렇게 커뮤니티에서 자신이 알고 있는 지식과 경험을 커뮤니티 공부를 통해 최대한 널리 알리다 보면 공동체의 커뮤니티가 같이 성장합니다. 그러다 보면 사람들이 자발적으로 내 의견이나 정보에 귀를 기울이게 만드는 능력이 생겨요. 저희는 그런 능력을 '커뮤니티 리더십'이라고 합니다.

MS에서는 자신이 만들거나 속한 커뮤니티에서 지식을 열정적으로 공유하는 기술 전문가들, 즉 커뮤니티 리더십을 투철한 사람들을 찾아내 MS의 MVP로 선정하고 있어요. IT기술 분야에서 독보적인 실력을 갖추고 있으면서 그 기술을 혼자만 알고 있는 것이 아니라 정보가 필요한 사람들에게 아낌없이 나누어 기술 공동체가 성장하도록 헌신하는 사람에게 상을 주는 거죠. MVP를 선정하기 위해 기술 인플루언서들의 이력을 세세히 조사할 때

"자신이 알고 있는 지식과 경험을
커뮤니티를 통해
최대한 널리 알리다 보면
공동체의 커뮤니티가
같이 성장합니다.
그러다 보면 사람들이
자발적으로 내 의견이나 정보에
귀를 기울이게 만드는 능력이 생겨요.
저희는 그런 능력을
'커뮤니티 리더십'이라고 합니다."

그들이 커뮤니티 공부를 어떻게 했는지를 추적해요. 블로그 등에 올린 글들을 살펴보고, 기술 포럼이나 기술 커뮤니티에 어떤 영향력을 미쳤는지 꼼꼼히 체크해 MVP 타이틀을 줍니다.

저는 이렇게 커뮤니티 리더들을 찾아내기도 하지만, 이들에게 MS의 MVP에 대해 알리고 지원해주어 그들이 MVP가 될 수 있도록 돕는 일도 하고 있어요. MVP들에게는 마이크로소프트의 직원이나 비즈니스 파트너가 되는 기회가 열리기도 하고, 더 훌륭한 커뮤니티 리더십을 발휘할 수 있도록 MS의 지원을 받을 수도 있습니다. MVP 제도는 MS에 더 친밀하고 MS의 팬인 커뮤니티 리더들을 만드는 과정이기도 합니다.

MS의 새로운 미션: 선한 영향력

사티아 나델라가 회장이 되면서, 회사 분위기가 위에서부터 완전히 바뀌고 MS의 미션도 새롭게 바뀌었어요. 예전 미션은 '모바일 퍼스트, 클라우드 퍼스트'였거든요. 과거에는 뭐든 1등을 하는 게 중요했는데, 나델라 회장은 '지구상의 모든 사람과 모든 조직이 더 많은 것을 성취할 수 있도록 힘을 실어주는 회사가 되겠다'며 '선한 영향력'을 새 미션으로 공표했어요.

나델라 회장은 새로운 미션을 발표하는 자리에서 자기 얘기를 했어요. 자신에게 장애를 가진 아이가 있는데, 이 아이도 MS가 만든 소프트웨어를 통해 더 많은 걸 달성하며 의미 있는 삶을 살기를 바란다고요. 그런 생각을 하며 회사에 오면 가슴이 뛰고 행복하다고 했어요.

그러면서 그는 직원들에게 꿈이 뭐냐고 물었어요. 다들 충격이었죠. 그전까지는 MS가 1등하기 위해 네가 할 일은 뭐냐는 질문만 들었는데, 나의 퍼스트 드림(first dream)을 묻고 그것을 회사에서 달성했으면 좋겠다고 하니 놀라웠어요. 그런데 이 모든 것이 말로만 끝나는 게 아니었어요. 나델라 회장은 직원에게 성과나 매출 목표를 내놓으라고 한 적이 한 번도 없어요. 회사가 자르는 사람은 성과를 못 내는 사람이 아니라 고정 마인드셋을 가진 사람이었어요. 인력이 대거 교체되고 회사의 변화는 생각보다 빨리 왔어요. 과열 경쟁이나 부서 이기주의가 사라지고 더 많이 공부하고 함께 성장하며 일하는 문화가 자리 잡았죠. 그리고 회사 안에서도 커뮤니티 리더들이 속속 등장했어요.

저희는 전 세계에 팀원들이 흩어져서 일을 하기 때문에 온라인에서 함께 얘기를 나누는 툴이 있어요. 요즘은 코로나 때문에 저희와 같은 방식으로 일하는 데가 많아졌지만, 저희는 예전부터 떨어져 일하는 방식이었어요. 아무튼 그 툴에 디렉터 한 분이 긴 글과 함께 페들보트 타는 사진을 올린 적이 있어요. 휴가 때 페들보트 동호회 사람들과 대회에 나갔다, 대회를 통해 1만 달러를 모아 지역 커뮤니티에 기부를 하려고 목표를 세웠는데 예상했던 금액보다 훨씬 더 모였다는 식의 자랑하는 글이었어요. 이분만이 아니에요. 하키를 좋아하는 분은 커뮤니티 사람들과 힘을 합쳐 가난한 아이들을 위한 주니어 하키 팀 서포트를 시작했다고 자랑했죠.

자랑이 꼬리에 꼬리를 물고 이어지는 걸 계속 듣다 보니, '그럼 나는 뭘 하지?' 나는 무슨 꿈을 실현하지? 라는 고민들을 자연스럽게 하게 되더라고요. 그 과정에서 저도 MS에서 배운 걸 나누는 책을 써서 수익이 나면 기부를 해야겠다는 생각을 했고, 작년에 책이 나와 이런 강연 자리에까지 오게 되었어요.

말하자면, 회사 안에 내가 알고 있는 지식과 경험을 최대한 널리 알리고 공동체의 성장을 돕는 커뮤니티 리더들이 가득하도록 만들자 회사의 경쟁력이 기하급수적으로 상승한 거예요. MS가 25년 이상 운영해온 MVP 프로그램의 이상을 회사 안에서 실현한 거죠.

돈은 나누면 사라지지만,
지식은 나누면 배가 된다

한국의 MVP 몇 분 소개시켜 드리고 싶어요. 강성욱 씨는 카카오 채널에 상담 채널을 언제나 열어놓고 사람들이 컴퓨터 관련 질문을 올리면 답변을 해주는 분이에요. 이분은 부산에서 전문대를 나와 컴퓨터 부품 유통회사에 다니던 직원이었어요. 직장을 다니며 사이버대학에서 컴퓨터공학을 배우고 관련 포럼을 찾아다니며 얻은 내용으로 블로그를 운영한 결과 6년 연속 MVP를 받았어요. 영어를 전혀 못하던 분이었는데 선한 영향력을 펼치며 자신도 모르는 사이 커뮤니티 리더의 역할을 하다 보니, 지금은 넥슨 북미지사 시니어 데이터베이스 관리자(DBA)로 일하고 있어요.

그리고 지금은 MS의 직원이 된 MVP 김영욱 부장님은, 학교 다닐 때 750명 중에 700등을 하며 불량배와 어울리던 문제아였어요. 고등학교도 겨우 갔고, 전문대를 다닐 때도 공부에는 뜻이 없었던 분이었죠. 그랬던 분이 어려운 기술을 대중에게 쉽게 설명하며 커뮤니티 리더십을 키우더니 《War of IT》, 《가장 빨리 만나는 챗봇 프로그래밍》 등의 테크 관련 책을 내고, MS에서 최신 기술을 전파하는 최고의 전문가가 되었죠. 여러분도 자기자신의 성장과 공동체의 성장을 동시에 이룰 수 있는 커뮤니티를 찾아보세요. 아마 수천, 수백 개가 존재할 거예요.

MS 한국지사는 광화문에 있는 공간을 무료로 대여하고 있는데, 주말마다 커뮤니티 행사들이 많이 열리고 있어요. 그리고 제가 작년에 '커뮤니티에서 길을 찾는 사람들(커뮤니티 길찾사)'이라는 페이스북 공개그룹을 만들어 지금 멤버가 1,000명 가까이 됩니다. 이곳에 많은 커뮤니티들이 와서 자기소개를 하고 있습니다.

마지막으로 제가 드리고 싶은 말씀은, AI 시대에는 자신의 스토리가 가장 강력한 무기가 된다는 거예요. 그런데 처음부터 스토리가 탄탄한 사람은 없어요. 하나씩 하나씩 만들어가는 건데, 배경이 척박하고 힘들수록, 그러니까 실패를 많이 해볼수록 그 스토리는 단단해지고 유니크해집니다. 그러니 쉽고 편한 길보다는 도전을 통해 자기 스토리를 강력하게 만들어보시길 바랍니다. 그리고 다른 사람의 스토리에도 귀를 기울여 조화를 이루고, 나델라 회장처럼 선한 영향력으로 조직을 혁신해나간다면 AI 시대를 잘 살아갈 수 있을 거라고 생각합니다.

강연 한눈에 보기

커뮤니티 공부='OO하기' 공부

- **내향적 공부** 전문서 번역하기, 블로그에 올릴 글이나 칼럼 작성하기, 도서 집필하기, 지식인이나 기술 포럼에 답변하기, 트위터나 페이스북 등의 소셜 미디어 활동하기 등
- **외향적 공부** 실제 외부에 가서 그룹 활동하기, 유튜브 방송하기, 콘퍼런스 발표하기, 스터디 활동하기, 앱 개발하기 등

  ↳ 나 혼자 하는 공부가 아닌 다른 사람과 나누는 공부

  ↳ 커뮤니티 공부로 실패를 즐겁게 버티는 힘을 기를 수 있다.

커뮤니티 리더십

- 내가 알고 잇는 지식과 경험을 최대한 널리 알리고, 공동체의 성장을 도와, 람들이 자발적으로 내 의견이나 정보에 귀 기울이게 만드는 능력
- 평범한 사람도 글로벌 인재로 만드는 힘
- 함께 성장하는 힘

마이크로소프트의 MVP 프로그램

- 커뮤니티 리더십이 뛰어난 커뮤니티 리더와 기술 인플루언서를 선정
- 전 세계 4,000명 이상의 MVPs

MS를 시가총액 1위로 만든 사티아 나델라 회장의 인재상

- '성장 마인드셋'을 가진 사람을 선택

- 직원 평가기준 3가지

1. Your key individual accomplishments that contribute to team, business or customer results (팀, 비즈니스 또는 고객 성과에 기여하는 개인의 주요 성과)

2. Your contributions to the success of others (다른 사람의 성공에 대한 공헌)

3. Your results that build on the work, ideas or effort of others (다른 사람의 작업, 아이디어 또는 노력에 기반한 본인의 결과)

MS의 새로운 미션

- Empower every person and every organization on the planet to achieve more. (지구상의 모든 사람과 모든 조직이 더 많은 것을 성취할 수 있도록 힘을 실어준다.)

AI 시대를 잘 살아가는 힘

- 내 스토리가 가장 강력한 무기가 된다.
- 배경이 척박할수록(실패를 많이 할수록) 스토리의 힘은 강력해진다.
- 다른 사람의 스토리에 귀 기울여 조화를 이루어야 한다.
- 선한 영향력으로 조직을 혁신하자.

개인의 즐거움과 함께 사회 환원의 길을 걷다

구기향, 라이엇 게임즈 코리아 사회 환원 사업 총괄

라이엇 게임즈 코리아에서 사회 환원 활동을 총괄하고 하는 구기향입니다.

먼저 라이엇 게임즈에 대해 소개드리겠습니다. 2006년에 설립된 라이엇 게임즈는 미국 산타모니카에 본사를 두고 있는 글로벌 기업입니다. 2009년 '리그 오브 레전드(이하 롤)' 게임을 개발해, 현재 전 세계 19개 지역에 진출해 있습니다. 롤은 5:5나 3:3 농구게임처럼 포지션을 나눠 적진을 먼저 부수면 이기는, 무료 온라인 PC게임이고요. 한 달에 1억 명 정도가 이 게임에 한 번 이상 접속해 이용하고 있습니다. 10년 동안 이 하나의 게임으로 회사가 발전해왔고요. 최근에 신작들을 선보이고 있습니다.

라이엇 게임즈의 철학: 플레이어가 중심이다

라이엇 게임즈는 회사의 철학이 뚜렷해요. 게임을 실제로 많이 즐기고 굉장히 좋아하던 두 청년이 창업자로서 의기투합해 스포츠처럼 큰 돈 안 들이고 재미있게 할 수 있는 게임을 만들면 어떨까 하는 발상에서 시작한 회사거든요. 그래서 모든 것이 '플레이어 중심'이에요. '플레이어의 목소리를 따라가자'라는 철학이 확고합니다.

롤의 위상에 대해 먼저 말씀드릴게요. e스포츠는 한국에서 태동했죠. 게임전문 방송사 등에서 대회를 열고 이를 중계하는 형태로, 게임의 '보는 재미'를 발굴해낸 건데요. e스포츠도 여타의 스포츠들과 마찬가지로 승부의 과정에 희노애락이 담겨 있어요. 관객들은 승부 장면 하나하나에 응원의 목소리를 높이고, 환호를 지르고, 때로는 응원하는 선수나 팀의 부진에 좌절하기도 하죠. 그런데 스타크래프트를 비롯한 과거의 e스포츠는 한국에서의 진행이 중심이 되다 보니 글로벌 대회가 열려도 결승에서는 한국 선수들끼리 우위를 다투는 경우가 대부분이었어요.

이에 반해 롤은 처음부터 글로벌 e스포츠를 염두에 두고 게임을 개발했어요. 옵저버 등의 중계기술 개발이나 중계진이 호명하기 쉽게 캐릭터 이름을 정하는 등 세밀한 부분에도 신경을 많

▲ 라이엇 게임즈가 진행하는 역사문화교실 (출처: 라이엇 게임즈 제공)

이 썼지요. 한국에서 롤이 서비스되기 전에 게임 서비스가 진행된 미국, 유럽, 중국, 동남아시아 등에서는 라이엇 게임즈가 주도하여 e스포츠를 직접 만들었어요. 대회를 기획하고 예산을 들여 진행하는 것뿐 아니라 전문 방송국과 중계진도 세웠습니다. 수년간의 노력을 들여 세계 각지에 프로리그를 만들고, 그들 가운데 최강자들이 모여 최고의 자리를 겨루는 월드 챔피언십, 일명 '롤드컵'을 매년 펼치고 있어요. 이런 과정을 통해 현재 세계적으로 다양하게 성장, 발전한 상태입니다.

한국 문화재 지킴이가 된 외국계 게임회사

이제 라이엇 게임즈의 사회 환원 활동에 대해 말씀드릴게요. 한 마디로 요약하면, 라이엇 게임즈는 한국 문화유산을 보호하고 지원하는 문화재 지킴이 활동을 하고 있습니다. 뭔가 뜬금없다고 느끼시는 분도 계실 텐데, 차근차근 설명 드리도록 할게요.

라이엇 게임즈는 2012년부터 문화재청 등의 파트너와 함께 활동을 시작해 내년이면 10년차가 됩니다. 매년 다각적인 프로젝트를 사전 협의, 기획하고 그 진행을 위해 수억 원씩 기부하는 형태로 9년 동안 총 60억 원 정도를 기부했고요. 한국 문화유산을 보호하고 지원한다는 큰 테마 아래 년 단위로 가장 도움이 시급하거나 의미 있는 곳, 또는 자사가 관심을 가지는 곳 등에 활동을 진행했습니다. 구체적으로는 다양한 문화유적지를 보존하고 과거의 모습을 재현한다든가 왕실 유물 학술연구를 지원한다든가 하는 케이스들이 있었습니다. 최근에는 서촌에 위치한 이상 시인의 집을 과거의 모습 그대로 복원하는 데 수억 원을 지원하기도 했고, 워싱턴에 있는 주미대한제국공사관을 복원해 과거 모습을 재현하기도 했어요.

또 게임 플레이어들과 일반 청소년들을 대상으로 한 역사문화교실을 수년간 매달 진행해 지금까지 수천 명이 참가했고, 1박 2일 코스의 역사문화탐방캠프도 개최하고 있습니다. 역사문화교

◀ (좌)라이엇 게임즈가 환수한 국외 소재 문화재인 '척암선생문집 책판'
▶ (우)효명세자빈 책봉 죽책 (출처: 라이엇 게임즈 홈페이지)

실의 경우 보통 토요일 오전에 전문 강사진과 함께 프로그램을 진행하는데요. 게임 좋아하는 분들이 토요일 아침 일찍 일어나 공부하러 나오기 쉽지 않은데도, 많은 분들이 자발적으로 참여해 주고 있어요. 우리 청소년들이 따분하고 힘들게 암기하며 역사 공부를 하는 것이 아니라 과거를 현재에서 생생하게 느끼며 즐겁게 배우는 모습에서 보람을 많이 느끼고 있습니다.

해외에 있는 우리 문화재를 한국의 품으로

라이엇 게임즈의 문화유산 보호 및 지원 활동 가운데서도 가장 많은 분들이 관심을 가져주시고 롤 게임을 잘 모르는 분들까지 칭찬하며 힘을 실어주셨던 건 문화재 환수 활동이에요.

해외에 나가 있는 우리 문화재가 굉장히 많아요. 공식적인 경로나 출처가 밝혀져 있는 경우도 있지만 개인이 소장하고 있거나 가치가 제대로 평가되지 않은 채 창고에 틀어박혀 있는 경우도 많다고 해요. 저희는 기업이니까 문화재 환수에 직접 나서서 경매에 참가하거나 협상을 하는 건 아니고요. 뒤에서 서포터 역할을 하고 있어요. 문화재청과 국외소재문화재재단 등에서 문화재를 추적해서 국고를 사용해 협상하고 구매하는 경우도 있지만, 갑자기 경매에 나와 바로 입찰에 참여하지 않으면 문화재가 다시 숨어버릴 가능성이 높을 때도 있거든요. 또 정부가 직접 나서서 구매하기에 여러모로 복잡한 상황이 벌어지는 경우도 있고요.

이럴 때 기업이나 기관, 개인의 도움이 필요한데, 사실 거의 도움이 현실화된 적은 없었다고 해요. 왜냐하면 문화재 가격이 상당히 고가이고 한 번에 여러 건의 예산이 필요한 경우도 있는데, 문화재 환수는 특성상 언제쯤 어떤 인연을 만나게 될지, 또 그것이 어떤 가치를 가진 문화재일지 미리 알 방법이 없거든요. 대부분의 기업의 사회 환원 사업 담당자 입장에서는 사전 예산 편성이 불가능하니 급작스러운 참여는 진행할 수가 없는 거죠.

라이엇 게임즈가 문화재 환수 활동을 적극적으로 할 수 있었던 건 회사의 공감과 지지를 바탕으로 문화재 환수를 위한 사회 환원기금을 따로 마련해두어 가능했습니다. 2014년에 미국에서 100년 동안 떠돌던 대형 불화 '석가삼존도'를 들여온 것을 시작으로 현재까지 총 5점의 문화재가 한국의 품으로 돌아오는 데 라이엇 게임즈가 함께했습니다.

라이엇 게임즈는 9년간의 사회 환원 활동으로 두 차례 사회공헌 우수 기업상을 수상했고, 외국계 기업 최초로 문화재청장 표창, 대통령 표창 등 유공 표창을 수상했습니다. 생색을 내거나 상을 받기 위해서 사회 환원 활동을 한 건 아니지만, 예산을 사용해 집행한 일이 많은 이들에게 인정을 받고 의미 있는 기록으로 남는 것은 중요한 일이기에 수상 경력도 유의미한 성과라고 내부적으로 평가하고 있습니다.

게임도 문화다:
외국계 게임회사가 한국 문화재 지키는 이유

라이엇 게임즈의 문화유산 보호 및 지원 활동에서 가장 많이 궁금해 하는 부분은 역시 '외국계 기업이?', '게임회사가 왜?'라는 점일 텐데요. 여기에 대한 답을 드리기 위해 저희가 생각하는 게임, 놀이, 문화에 대해 먼저 말씀드릴게요.

놀이는 재미와 즐거움이 최고의 가치입니다. 재미있으면 하고 재미없으면 하지 않는, 본능적 특성을 가진 것이 바로 놀이라 생각 합니다. 그런 맥락에서 게임도 놀이문화 가운데 하나라고 생각하기에, 라이엇 게임즈는 게임을 만들고 서비스할 때 최고의 즐거운 경험을 드리고자 노력하고 있어요. 이렇듯 저희 또한 문화의 한 면을 채우고 있으므로, 그 뿌리가 되는 문화유산을 동떨어진 것이라 여기지 않고 노력을 들여 가치를 찾아야 할 대상이라고 생각하고 있습니다.

또 앞서 말씀드린 것처럼 역사나 문화유산을 공부를 하고 외워야 하는 대상으로만 생각하는 젊은층이 많은데, 이분들이 게임 회사가 이야기하니, 보다 친근하게 들어주시더라고요. 그래서 저희가 커뮤니케이션 채널이 되어 게임 플레이어들에게, 더 나아가 청년층, 청소년, 대중들에게 우리 문화유산의 가치와 소중함에 대해서 이야기해보면 어떨까 생각하게 되었고, 이것이 문화재 지킴이 활동을 기획하고 시작하게 된 이유였습니다.

그리고 글로벌 회사니까 혹시 본사에서 요청한 활동인지 많이 궁금해 하시는데요. 본 프로젝트는 라이엇 게임즈 코리아가 한국을 대상으로 직접 기획하고 진행한 거예요.

2011년 9월에 리그 오브 레전드 한국 서비스 론칭에 대한 공표를 하고, 같은 해 12월에 롤 게임 서비스를 시작했는데요. 미디어 간담회 때 이미 '한국 서비스 돌입을 기념해 선보이는 신규 챔피언의 초기 6개월 판매금 전액을 기부하겠다'는 사회 환원 약조를 한 상태였어요. 그러고 난 뒤 제가 라이엇 게임즈에 입사했는데, 지금도 한국지사가 130명 내외의 크지 않은 회사지만, 그 당시에는 50명이 채 안 되었어요. 대표실도 따로 없을 정도로 굉

"게임도 놀이문화 가운데
하나라고 생각하기에,
라이엇 게임즈는 최고의 즐거운
경험을 드리고자 노력합니다.
저희도 문화의 한 면을 채우고
있으므로, 그 뿌리가 되는
문화유산을 동떨어진 것이라
여기지 않고 노력을 들여
가치를 찾아야 할 대상이라고
생각하고 있습니다."

장히 캐주얼한 분위기였죠. 입사 첫날 대표님이 제 손을 잡고 회의실로 가서 의미 있고 정말 좋은 사회 환원 주제를 찾았으면 좋겠다고 하시더라고요.

본사에서도 각 지사의 사회적인 역할과 활동에 대해 고민하고 있어요. 라이엇 게임즈 타 지역 지사의 경우에는 시장의 다른 우선순위들을 해결하면서 점진적으로 사회 환원 활동을 시작한 예들도 있는데요. 한국은 처음부터 기업의 사회적인 역할을 충분히 하겠다고 천명했죠. 지금은 한국의 사회 환원 활동이 모범 사례가 되어 본사는 물론 다른 지사들의 새로운 사회 환원 활동에 영감을 주고 있습니다.

회사의 니즈부터 정확히 파악하라

사회 환원 활동을 팍팍 밀어주니 본 활동을 기획한 담당자로서는 라이엇 게임즈가 어떤 회사보다도 프로젝트를 마음껏 개발할 수 있는 좋은 환경의 회사예요. 라이엇 게임즈에서 일하기 전에는 넥슨, SK커뮤니케이션즈 등에서 홍보, 사회 환원 활동 업무를 했습니다.

가끔 '기획을 어떻게 하느냐'라고 묻는 분들이 계신데요. 저는 사회 환원 활동을 기획할 때 항상 회사가 어떤 시각에서 사회 환원 활동을 하고자 하는지, 특별한 니즈가 있는지, 단기성과가 필요한지, 장기적이고 안정적인 프로그램 기획 운영이 가능한지 등을 면밀히 분석하고 고민해요. 그리고 다른 기업들은 물론이고 글로벌 단체와 사회기관을 비롯해 여러 주체가 하는 사회 환원 활동을 다각적으로 찾아보고 참고했습니다. 특정 기업의 사회 환원 활동이 두드러진 경우, 어떻게 사회적으로 긍정적인 호응을 얻게 되었는지, 어떤 식으로 메시징 하여 고객이나 대중이 인지하고 관심 갖게 되었는지를 살펴보기도 합니다.

또한 저는 매체를 통해서도 아이디어를 자주 얻습니다. 얼마 전에는 팬들이 본인들이 좋아하는 연예인의 이름을 붙인 숲을 만들었다는 뉴스를 보고, 이런 형태의 숲을 조성하기 위해서는 어떻게 부지를 확보하고 관공서와 서류업무를 진행하는지 구체적 방식에 대해 찾아본 적이 있어요. 당장 자사의 사회 환원 활동에 사용되지 않더라도 미리 관심 있는 새로운 활동들에 대해 간단히 스터디해서 내용을 파악해놓는 거죠.

참고로 넥슨에서의 경험을 잠시 말씀드릴게요. 적은 예산으로 의미 있는 행보를 보여주기를 회사에서 원해서 고민하던 중에, '게임 속에서는 자유롭다'는 환아들의 사연을 접했어요. 그리고 소아병동에서 1년에 한 차례씩 완치 환아 축하파티가 있다는 것도 알게 되었죠. 이 행사가 병이 다 나은 아이들을 축하해주는 의미도 있지만, 아직 병마와 싸우며 입원 중인 아이들에게 나을 수 있다는 희망의 메시지를 전달한다는 점을 깨달았어요. 그래서 매해 거점 병원의 숫자를 늘여가며 완치 환아 축하파티를 도와주러 대형 인형들과 선물을 들고 찾아갔습니다.

이때 게임 캐릭터로 페이스페인팅을 해주거나, 캐릭터 인형탈을 쓴 아르바이트생들이 게임 음악에 맞춰 춤을 추었는데 아이들은 물론이고 부모님들도 정말 좋아하셨어요. 예산을 크게 들인 행사는 아니었지만, 이것이 씨앗이 되어 후일 넥슨 어린이 재활병원의 큰 프로젝트까지 이어졌어요. 아픈 아이들도 게임 속에서는 자유롭게 뛰고 걸으며 친구들과 소통할 수 있다는 점에 착안해 시작한 프로젝트였는데, 진행하면서 제 마음까지 따뜻해졌습니다.

라이엇 게임즈에 입사해서도 역시 회사의 니즈를 정확히 파악하려고 노력했고, 결과적으로 시간이나 예산이 들더라도 많은 이들이 공감하고 참여할 수 있는 의미 있는 활동을 하자는 것으로 사회 환원의 방향을 잡았습니다. 처음 시작할 때부터 전사적으로 아이디어를 많이 모았어요. 그때 세상에서 할 수 있는 좋은 일들은 다 검토한 것 같아요. 그런데 이미 하고 있는 것들이거나 성에 차지 않는 것들이 대부분이었어요.

정말 많은 고민 끝에 찾은 것이 한국 문화유산과 관련한 케이스였습니다. 한국 문화재로 방향을 잡는 데에는 롤 게임 속 캐릭터 '아리'가 도움이 되었어요. 한국 서비스 론칭을 기념해서 구미호 전설을 배경으로 한 여성 챔피언 캐릭터 '아리'를 글로벌에 공개했었는데요. 그 과정에서 저희가 한국적인 이미지, 한국의 아름다움에 대해 많이 공부해서 본사나 개발자에게 공유해주었어요. 그 과정에서 저희가 우리 문화재에도 대해서 깊이 알게 됐어요. 고민을 계속 하면서 우리도 문화를 만들고 서비스하는 회사니까 문화유산이라는 뿌리를 찾아가는 채널이 되자고 결정한 겁니다.

사회 환원 활동의 기준: 진정성, 의외성, 파트너십

이제 라이엇 게임즈가 사회 환원 활동을 기획하고 집행할 때 견지하고 있는 기준에 대해 말씀드리겠습니다.

첫 번째, 사회 환원 활동에 있어서 원천적으로 가지고 가야 할 건 '진정성'입니다. 헌혈이나 연탄 봉사 등 진정성을 가지고 사회에 기여할 수 있는 좋은 일은 얼마든지 있어요. 저희는 주어가 바뀌어도 말이 되는 즉, 누구나 할 수 있는 사회 환원 활동보다는 저희 회사라서, 저희 회사이기에 할 수 있는 활동에 더 진정성이 있다고 생각했습니다. 어느 회사가 하더라도 내용이 동일하게 받아들여지는 활동은 그 기업의 특색이나 철학과의 연계성이 크지 않다고 볼 수 있는 거죠. 그런 것보다는 그 회사이기 때문에 하는 활동이거나, 또는 듣고 보니 이해가 되면서, '아, 그래서 저 회사가 저런 활동을 했구나' 하고 무릎을 치며 공감할 수 있는 부분이 있어야 진정성이 전달될 수 있다고 봤습니다. 이것이 사회 환원 활동을 기획하고 집행할 때 기억해야 할 첫째 부분이라고 생각해요.

두 번째, 사회 환원 활동을 기획할 때 '의외성'에 주목했습니다. 라이엇 게임즈가 하고 있는 문화유산 보호 및 지원 활동에 있어서 임팩트는 의외성에 있거든요. 이름도 낯선 외국계 게임회사가 도대체 왜 문화재를 보호하는가에 대한 궁금증 자체가 임팩트가 되는 거죠.

세 번째는 '파트너십'을 십분 활용하려고 했다는 점이에요. 저희는 문화유산 분야에 있어서는 철저하게 비전문가입니다. 전문적인 지식이 없으니, 문화재 환수, 문화재 보존처리, 역사문화 교실 등을 저희가 주도해서 진행한다면 완성도 있는 활동이 될 수 없어요. 그래서 저희는 많은 파트너와 함께하고 있습니다.

함께하며 배가 된다:
파트너십

라이엇 게임즈가 한국의 초기 6개월간 수익금을 문화유산 보호 활동에 사용하기로 결정한 뒤에 많은 전문가 집단과 접촉했어요. 그중 한 곳이 문화재청이었는데요. 문화재청에 기업, 개인, 기관 등의 외부 참여자들과 함께하는 문화재 지킴이 프로그램이 있다는 걸 알고 지속적으로 연락을 했어요. 그때 연락한 민관협력 부서 담당자와는 지금도 같이 일하고 있는데요 이분한테 처음에 전화해 "라이엇 게임즈입니다."라고 했는데, "라이온즈 삼성이요?" 하면서 계속 못 알아들으셨어요. 몇 번을 전화 드리니까 이분이 안 되겠다 싶었는지 만나서 얘기하자고 하더라고요. 첫 만남에서 라이엇 게임즈가 왜 이런 활동을 하고 싶은지, 그리고 젊은층과 온라인에서 라이엇 게임즈의 영향력, 다년간의 노하우 등 저희와 함께해야 하는 이유에 대해 2시간 정도 말씀드렸어요. 파트너십을 맺었을 때 구체적으로 저희가 어떤 힘을 발휘할 수 있는지 이야기 드린 거죠. 그렇게 해서 문화재청과 파트너십을 맺게 되었습니다. 문화재청의 문화재 지킴이 활동에는 저희 말고도 많은 기업들이 참여하고 있어요. 천연기념물을 보호하는 회사도 있고, 남대문이 소실되었을 때 기부금을 냈던 회사도 있습니다. 서로의 케이스를 공유하고 참고하며 활동하고 있습니다.

라이엇 게임즈는 문화재청 말고도 국립고궁박물관, 국립중앙박물관, 국외소재문화재재단, 문화유산국민신탁, 한국문화재재단 등과 역사 전문 교육기관, 각 분야의 전문가들과 파트너십을 맺고 있는데요. 외부에서 볼 때 이런 전문가집단과의 파트너십은 신뢰도를 높이는 포인트가 됩니다.

파트너와 어떻게 일을 하고 있는지는 문화재 환수 과정을 예로 들어 설명해볼게요. 해당 작업에서 민간기업인 저희는 전면에 나서지 않되 최대한 신속하고 확실하게 협조하고 있습니다. 국외소재 문화재재단에서 해외에 있는 우리 문화재의 소재를 파악해 시급하게 환수를 진행해야 할 때, 빠르게 저희와 논의해 해당 건에 대해 라이엇 게임즈가 지원 사격을 진행할지 결정하는데요. 이럴 때 저희 내부의 보고나 논의 때문에 시간이 지체되면 환수 기회를 놓칠 수 있기 때문에 신속하게 움직입니다. 특히 소재 파악이 안 되던 문화재가 해외 경매에 갑자기 나타나는 경우 의사 결정이 재빨라야 해요. 그리고 저희는 철저히 서포트하는 입장이기 때문에, 환수가 진행될 때 문화재에 관한 어떤 내용도 외부에 절대 발설하지 않습니다. 자치 잘못하면 환수 과정에 영향을 미칠 수 있기 때문입니다.

한편, 라이엇 게임즈가 사회 환원 활동을 한두 해 진행하고 그만두는 것이 아니라 꾸준히 하면서 파트너들에게도 인정을 받고 있습니다. 문화재청 직원들 가운데는 저희의 사회 환원 활동을 모범 사례로 삼아 마치 라이엇 게임즈 사외이사처럼 홍보해주시는 분들도 많이 계십니다.

정리하자면, 라이엇 게임즈는 외부의 협력기관과 파트너십을 잘 맺어 그들의 전문성을 활용하는 것을 사회 환원 활동의 중요한 포인트로 삼고 있습니다.

"라이엇 게임즈가
문화재를 보호하는
여러 활동들을 하고 있지만
단연 해외 문화재 환수에 대한
반응이 가장 뜨거운 이유는
해외 문화재 환수에 대한 일은
남의 일이라고 생각하지
않기 때문이에요.
모든 국민이, 우리가 해야
할 일이라고 여기거든요."

공감 포인트 찾기

사회 환원 활동을 기획하면서, 누구나 나의 일로 받아들여 기뻐하는 활동이 될 수 있도록 공감 포인트를 찾으려 노력했어요. 라이엇 게임즈가 문화재를 보호하는 여러 활동들을 하고 있지만 그 가운데서 단연 해외 문화재 환수에 대한 반응이 가장 뜨거운 이유는 우리 국민들은 해외 문화재 환수에 대한 일은, 남의 일이라고 생각하지 않기 때문이에요. 모든 국민이 우리가 해야 할 일이라고 여기거든요.

사실, 저희도 한국 문화유산을 보호하고 지원하는 프로젝트를 시작할 때만 해도 이렇게나 많은 칭찬과 응원을 받을 줄 몰랐습니다. 플레이어분들이 '라이엇 덕에 애국했다', '여자친구나 엄마한테도 롤게임 한다고 떳떳이 이야기할 수 있는 이유다', '스킨 샀더니 문화재가 돌아왔다'와 같은 이야기들을 많이 해주시는데요. 유머가 섞인 이야기기도 하지만 그만큼 본인들의 참여와 기여에 대한 자부심을 보여주고 있는 말들이거든요. 게임을 하지 않는 부모님들과 라이엇 게임즈와 롤을 모르는 기성세대들도 '외국계 기업이 수십 억을 기부해서 벌써 다섯 차례나 해외에 있는 우리 문화재를 들여왔다'며 많은 응원을 해 주십니다.

그런데 문화재 지킴이 활동도 좋지만, 게임회사면 게임에 중독된 학생들을 고쳐준다든가 프로게이머 육성 같은 게임회사다운 사회 환원 활동을 해야 하는 게 아니냐고 하시는 분들도 있어요. 사실 저희들도 그런 고민들을 많이 했습니다. 하지만, 결국은 문화재에 대한 보호와 지원이라는 것은 누군가는 꼭 해야 할 일이고, 어떻게 보면 단기에 성과가 날 수 없는 일이며 또 모두에게 꼭 필요하고 혜택이 되는 일이라고 생각을 해서, 저희는 그런 방향으로 계속 움직이고 있어요. 문화재에 대한 보호와 지원 활동을 장기적으로 하는 기업이 필요하다는 사명감에 시작한 사업이기에 방향을 아예 바꾼다거나 하지는 않을 거예요. 다만 큰 테마 아래 역사문화교실, 역사문화탐방캠프 등을 통해 플레이어들과 청소년들에 대한 사회적 역할도 꾸준히 해나가려고 합니다.

회사의 흔들림 없는 지원

라이엇 게임즈는가 한국에서 롤 서비스를 시작한 뒤 100일 만에 시장 1위를 기록하고, 이후 다년간 1위를 지켜왔어요. 현재도 45~47%의 점유율을 보이고 있습니다. 다만 세 차례 정도 신작 게임이 나왔을 때, 그러니까 배틀그라운드나 디아블로 등의 경쟁 게임이 등장했을 때 2위, 3위로 떨어진 적이 있었어요. 이렇게 인기가 좀 떨어졌을 때도 라이엇 게임즈의 사회 환원 활동은 조금도 줄어들지 않았어요. 기업들이 마케팅 비용이나 개발 투자 등 여러 가지 예산 고민이 있을 때 사회 환원 예산부터 줄이는 경우가 있는데, 저희는 초기부터 기업의 사회 환원 활동에 큰 비중을 두고 있었기에 당시 예산이 그 해 진행되는 프로젝트들 때문에 오히려 그선 해보다 조금 늘었습니다.

사회 환원 활동은 투자자본수익률(ROI)을 따질 수 없는 분야예요. 기업이 예산을 깎아야 할 일이 생길 때 가장 먼저 손댈 수 있는 부분이라 생각할 수도 있지만, 라이엇 게임즈의 생각은 달랐어요. 라이엇 게임즈가 사회 환원 활동으로 좋은 인상을 얻게 되는 건 수익으로 따질 수 없는 부분이라고 봤어요. 저희는 이 활동을 통해서 게임업계 뿐만이 아니라 대중들에게도 저희 회사에 대한 좋은 인상을 남길 수 있다는 것에 긍정적으로 생각하고 있어요. 사실, 외국계 기업에 대해서 한국에서 돈만 벌어가면서 기부도 안 하고 세금도 안 낸다는 고정관념이 있잖아요. 물론 라이엇 게임즈는 한국법에 따르는 한국 회사로 세금을 잘 내고 있지만요.

라이엇 게임즈가 한국 문화유산을 찾는 데 앞장서면서 외국계 기업이 주는 이질감을 많이 상쇄시켰다고 생각해요. 이미지 쇄신이나 인지도 상승을 위해 사회 환원 활동을 한 건 아니지만, 결국은 기업의 위기관리도 선제적으로 대응한다든지 이미지를 신장 시킨다든지 인지도를 올린다든지 어떤 면에서는 돈으로 환산했을 때 더 큰 가치가 되는 마케팅일 수 있다고 생각해요.

저는 이 회사에서 사회 환원 활동과 함께 홍보도 총괄하고 있는데요. 초기에는 사회 환원 활동의 기본적인 내용만 조금 알리고 홍보를 크게 하지는 않았어요. 그러다 시간이 흐르면서 이런 활동을 대중에게도 더 많이 알려야만 더 많은 분들이 문화유산 보호와 지원에 관심을 갖겠다는 판단이 들고, 커뮤니케이션 채널들의 트렌드도 변화하다 보니 홍보 방향이 바뀌었어요. 최근에는 SNS를 통해서 문화재 환수 소식을 알린다든지 영상 콘텐츠를 제작한다든지 다각적으로 홍보에 대해 고민하고 있습니다.

느긋하게, 그러나 끊임없이

라이엇 게임즈는 문화유산 보호 및 지원 활동을 통해 어떤 것을 이루겠다고 구체적 목표를 세우고 있지는 않습니다. 특히 문화재 환수 사업의 경우 언제, 어떻게 좋은 인연의 문화재를 만나게 될지 알 수 없는 프로젝트니까요. 2014년 1월 석가삼존도 환수에 첫 성공한 이후, 2018년 2번째 환수 성공사례가 나오기까지는 수차례의 협상과 접촉, 시도가 되풀이될 뿐 성과가 없었어요. 이러한 불확실성을 예상하고 시작한 프로젝트였지만, 담당자로서 염려가 되지 않을 수 없었죠. 이 프로젝트에 있어서는 보다 장기적이고 열린 마음으로 미리 수억 원의 예산을 마련해 두고 지속적으로 인연을 찾는 노력을 하는 수밖에 없어요. 결국 2018년에 이어 2019년에도 좋은 인연의 문화재를 만났고, 성공 사례들이 이어지면서 기존에 마련해둔 국외 문화재 환수 예산의 누적 잔량이 줄어들어 2020년 추가 예산을 마련하는 등, 꾸준히 문화재청 및 국외소재 문화재재단 등과 이야기를 나누고 있습니다.

그리고 라이엇 게임즈는 해외에 있는 우리 문화재를 국내로 들여오는 것뿐 아니라, 대테마를 유지하면서 해마다 필요한 부분들을 찾아 다각도로 사업영역을 확장하고 있어요. 사회 환원 활동 초반에는 대표적인 문화재나 문화유산에만 공을 들였지만, 조금씩 시야를 넓혀 과거 재현 사업이나 근현대 문학에 대한 지원 등도 시도했고요. 또 2019년에는 인적자원으로도 발을 넓혀서 무형문화재 취약종목에 해당되는 분들께 금액적인 부분을 지원하고 컬래버 작업도 진행했습니다. 2020년에는 현지 상황이나 소장자 측 의견에 따라 강제로 한국에 들여올 수 없는 우리 문화재의 현지 보존처리 작업을 지원하고, 해외에 있는 우리 문화 유적지의 보수와 보존처리를 돕는 시도를 해보려고 합니다.

또한 문화유산 보호 활동이 아니더라도 라이엇 게임즈는 시기적으로 꼭 필요한 활동에 적극적으로 나서고 있어요. 2020년 4월에는 코로나19와 관련해 의료용 방호복과 수술복 2만 벌을 직접 제작해 의료현장에 지원했습니다. 금액을 성금으로 전달하는 방법도 고민했지만, 워낙 현장이 시급하게 돌아가고 특히, 저희가 지원을 하려던 때가 대구로 바로 지원 물품이 보내지는 시기여서 저희가 제작하여 빨리 전달하자고 결정했죠. 직접 공장을 찾고 제작 해서 대한의사협회를 통하여 지원했습니다.

라이엇 게임즈의 고객들이 사회 환원 활동을 통해서 자부심을 느끼고, 기업의 선한 영향력을 인정해주며 지지를 해주는 선순환이 있어 저희는 힘이 되는 것 같습니다. 앞으로도 라이엇 게임즈는 멋지게 사회 환원 활동을 하는 기업이 되기 위해 최선을 다하겠습니다.

강연 한눈에 보기

라이엇 게임즈의 미션

"we aspire to be the most player focused game company in the world."(세계 제일의 플레이어 중심 게임 회사)

라이엇 게임즈의 문화유산 보호 및 지원 활동

- 9년간 60억 원 기부
- 문화재 환수 및 문화유적 보전, 복원 사업
- 역사문화교실, 문화유적지 1박 2일 탐방캠프 등

외국계 게임회사가 한국 문화재를 왜?

- 게임도 문화다!
- 플레이어와 청소년에게 문화유산의 가치와 소중함에 대해 알릴 커뮤니케이션 채널이 되기 위해.

라이엇 게임즈가 사회 환원 활동을 할 때 기획과 집행의 포인트로 삼은 것

1. 우리라서 할 수 있는 활동
2. 의외성
3. 파트너십 활용
4. 공감 포인트 찾기
5. 흔들림 없는 지원

PART 3

한눈에 이해하다!

데이터로 만나는 트렌드

숏폼 콘텐츠 트렌드

새벽배송 서비스 트렌드

소비자가 생각하는 착한 소비

숫자로 보는 호모집쿠스

숫자로 보는 홈코노미

호모집쿠스의 의식주 소비 트렌드

숏폼 콘텐츠 트렌드

영상 플랫폼 사용 패턴

- 기업들의 마케팅 동영상 평균 길이가 점차 짧아지며 숏폼 콘텐츠의 양상을 띠고 있음
- 전체 광고·홍보용 동영상의 약 73%가 2분 이하로 제작된 숏폼 동영상 형태임

연도별 광고·홍보용 영상 평균 길이 변화 추이

2년 사이 짧아진 영상 길이: - 9.07분

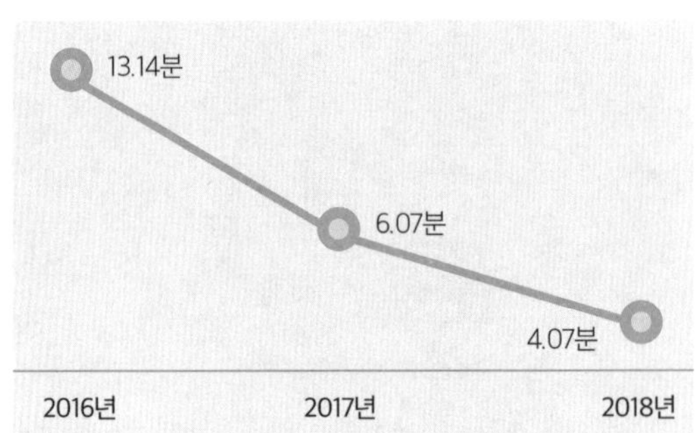

광고 홍보용 영상 길이 분포

2분 이하 숏폼 영상 73% 》 10분 이상 길이로 제작된 영상 8%

영상 플랫폼 주요 타깃

▸ 연령대가 낮을수록 10분 미만의 숏폼 동영상을 선호
▸ 1020세대가 선호하는 동영상 길이는 15분 내외

동영상 시청 시 선호길이 연령별 비교

2018년 광고·홍보용 영상 평균 길이: 15분

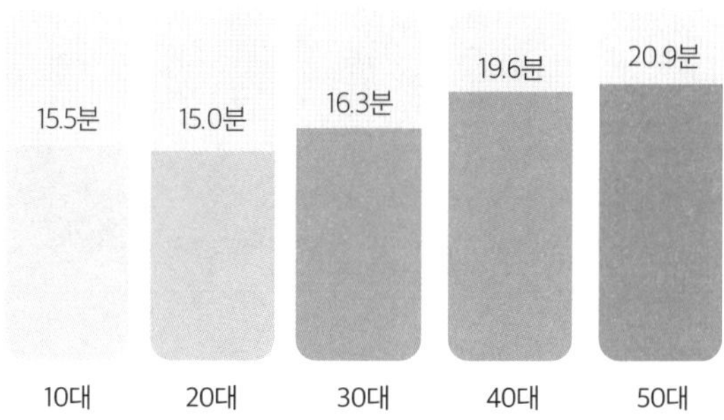

동영상 광고 시청 시 목적별 선호 길이

Q1. 브랜드/제품에 대한 이미지에 기억을 남긴다.

▶ 15초 이하 87.5% ▶ 5초 49.8 % ▶ 15초 37.7%

Q2. 브랜드/제품을 이해하고 정보를 얻는 데 도움이 된다.

▶ 15초 이하 73.7% ▶ 5초 24.9 % ▶ 15초 48.8%

출처: 메조미디어, 2020 숏폼 콘텐츠 트렌드

숏폼 플랫폼의 등장: 틱톡

글로벌 플랫폼 누적 다운로드 수

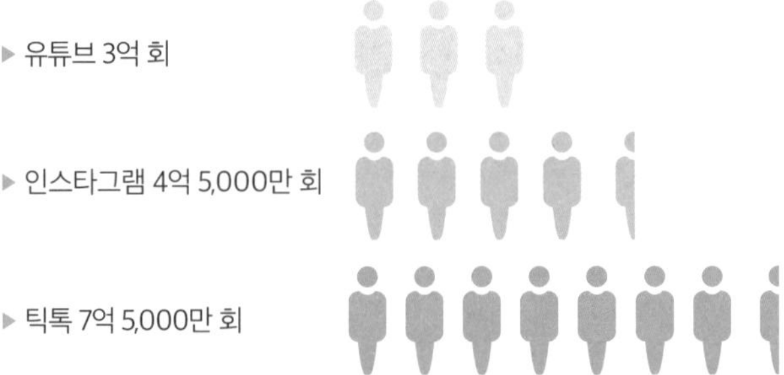

틱톡 연령별 분포

틱톡 사용자 50%는 1020대
틱톡 사용자의 55%는 영상을 업로드한 경험이 있다.

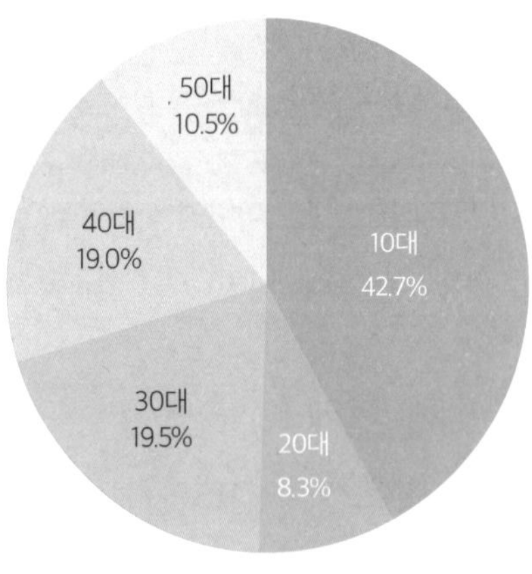

출처: 와이즈앱(2020년 1월, 국내 사용자 분포)

틱톡 글로벌 다운로드 수 추이

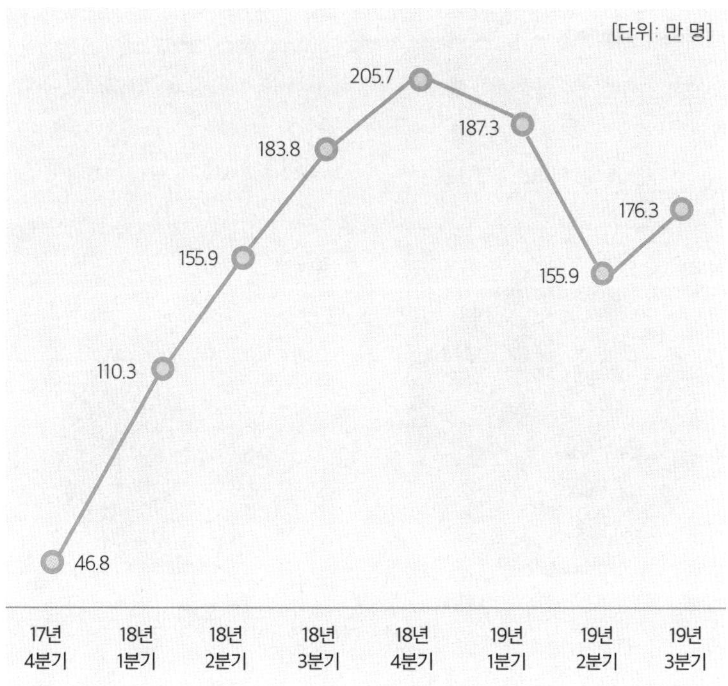

출처: 메조미디어, 2020 숏폼 콘텐츠 트렌드

새벽배송 서비스 트렌드

새벽배송 서비스

수도권에 거주하는 만 19~59세 성인 남녀 1,000명 대상으로 실시한 설문결과

새벽배송 서비스 인지도

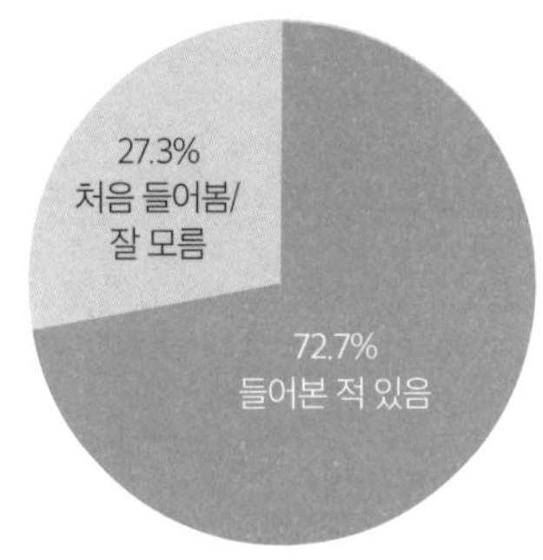

새벽배송 서비스 실제 이용경험

* 들어본 적 있는 72.7%의 대상자에게 설문

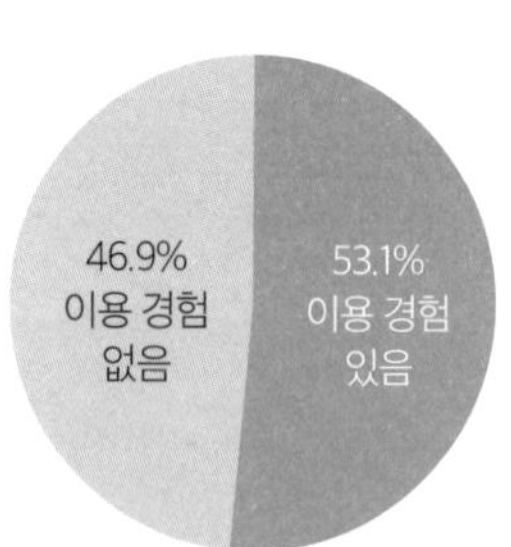

이용해본 새벽배송 서비스

* 이용 경험 있는 대상자에게 설문(중복응답)

서비스	비율
마켓컬리 샛별배송	49.8%
쿠팡 로켓프레시	35.3%
SSG 새벽배송	20.1%

새벽배송 서비스 만족도

새벽배송 서비스 향후 이용 의향

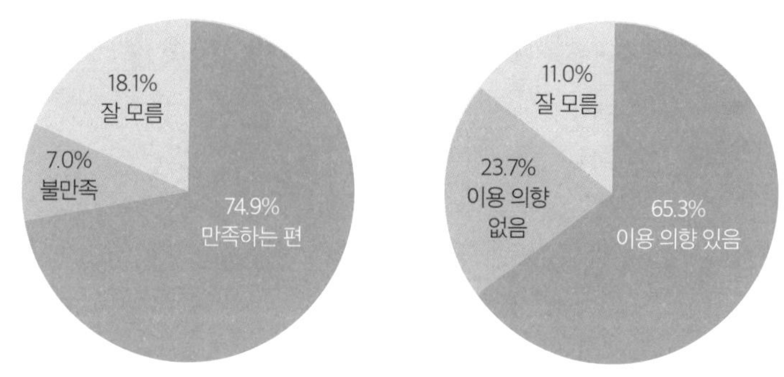

새벽배송 이용 이유 (중복응답)

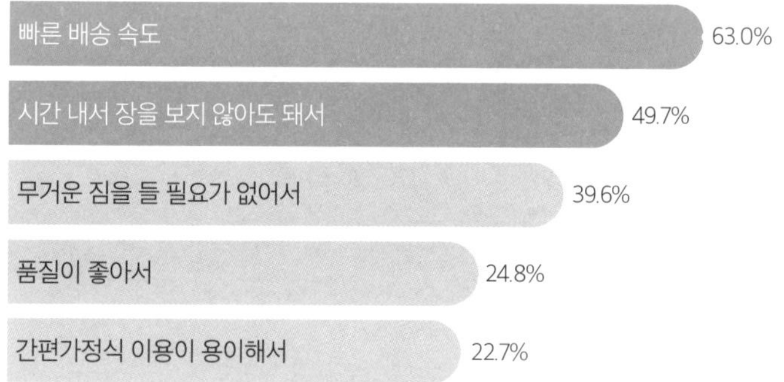

출처: 트렌드 모니터 trendmonitor.co.kr

소비자가 생각하는 착한 소비

착한 소비 활동 인식 및 동참 의향 평가 (동의율, 1,000명 기준)

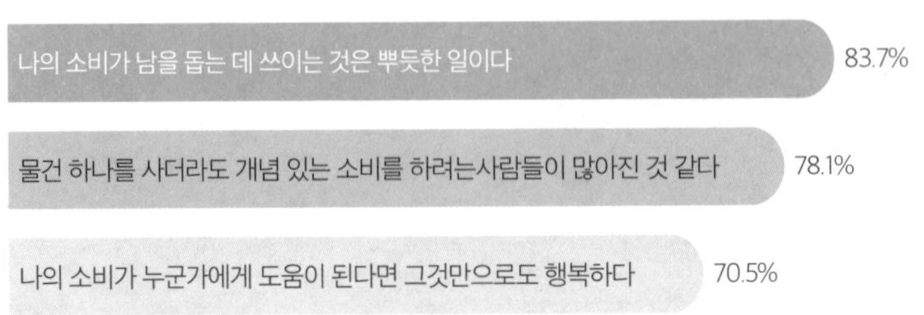

직접 참여해본 착한 소비 활동 (중복응답)

* 10명 중 9명이 '착한 소비에 동참해보았다'고 응답

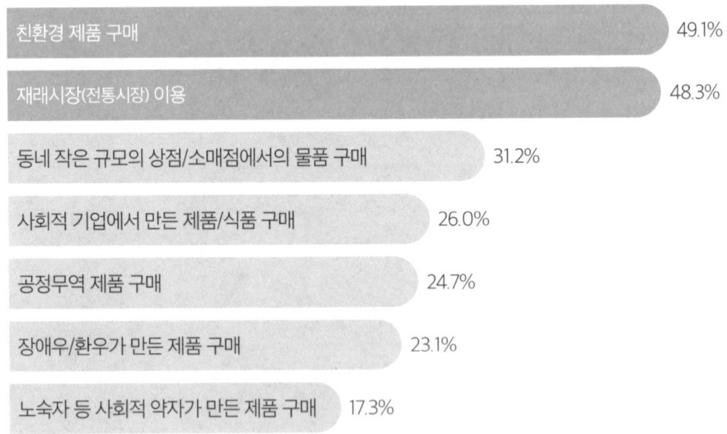

출처: 트렌드모니터, 2019 착한 소비 활동 및 SNS 기부 캠페인 관련 조사

착한 소비 참여율이 높은 세대 Top3

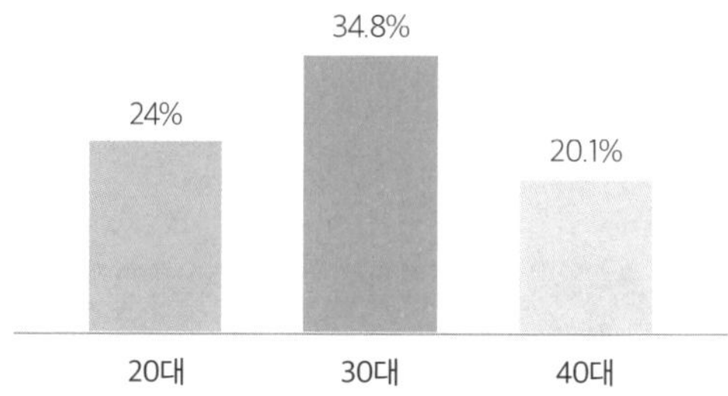

착한 소비에 참여한 이유

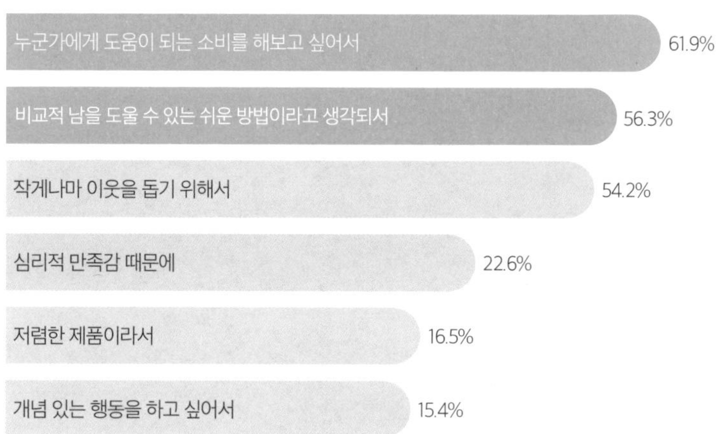

착한 소비 관련 전반적 인식

85.9%
착한 소비 필요성에 공감!

항목	비율
현대 사회에선 착한 소비 활동이 반드시 필요하다	85.9%
앞으로 착한 소비를 실천에 옮기는 소비자가 증가할 것이다	80.2%
앞으로 착한 소비 활동은 선택이 아니라 의무가 될 것이다	42.3%
나는 착한 소비 활동으로 도움을 받는 수혜자가 있을지 의심이 든다	67.5%
착한 소비도 경제적인 여유가 있어야 할 수 있다	65.8%

착한 소비라고 생각하는 소비 활동

52.9%

환경을 해치지 않는 소비가 착한 소비!

소비 활동	비율
친환경적인 소비	52.9%
가난한 이웃을 도울 수 있는 소비	48.2%
사회적 약자를 보호할 수 있는 소비	47.3%
누구도 손해를 보지 않는 소비	39.9%
사회 문제 해결에 도움이 되는 소비	37.4%
타인을 돕는 소비	31.8%
정상가격을 제대로 지불하는 소비	30.3%
비윤리적 기업에 반대하는 소비	30.1%
지역사회 공동체를 위한 소비	26.5%
생산자를 고려한 소비	25.8%

착한 소비 활동 활성화 방안

63.3%
과정에 대한 투명한 공개가 필요!

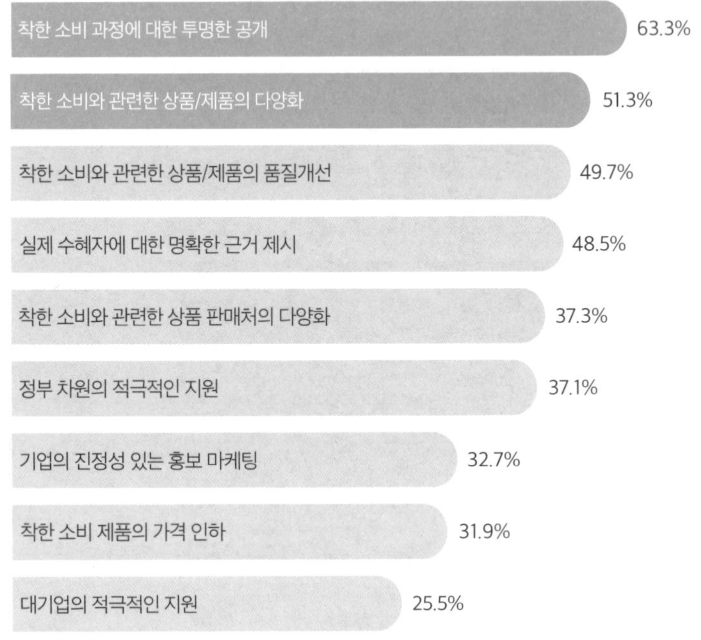

출처: 트렌드모니터, 착한 소비 활동 및 SNS 기부 캠페인 관련 조사

기업들의 '코즈마케팅' 관련 전반적인 인식 평가

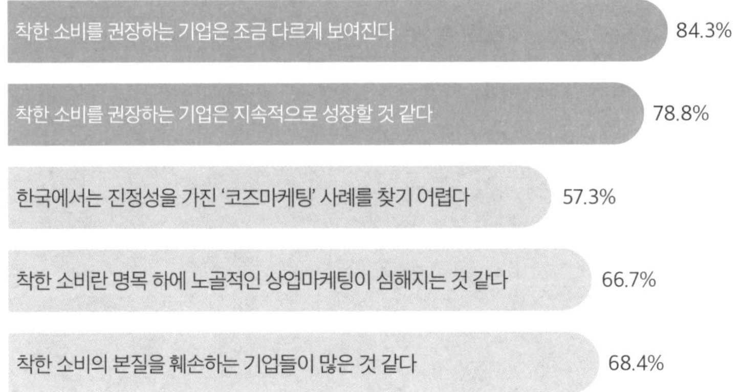

'코즈마케팅'이 필요한 사회적 이슈 및 분야

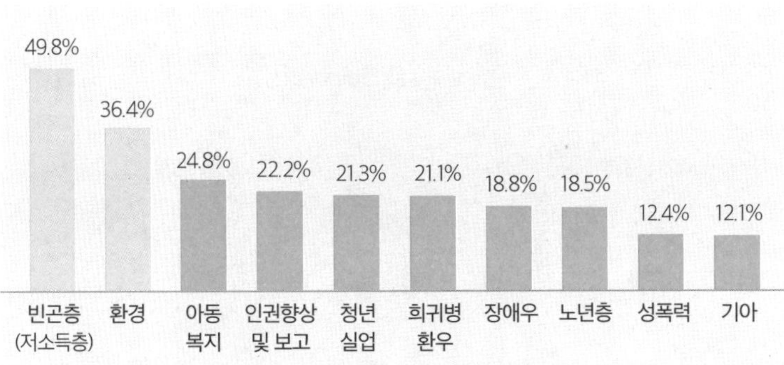

출처: 트렌드모니터

숫자로 보는 호모집쿠스

연도별 1인 가구 수 및 추계

*2000년~2050년, 단위: 1,000가구

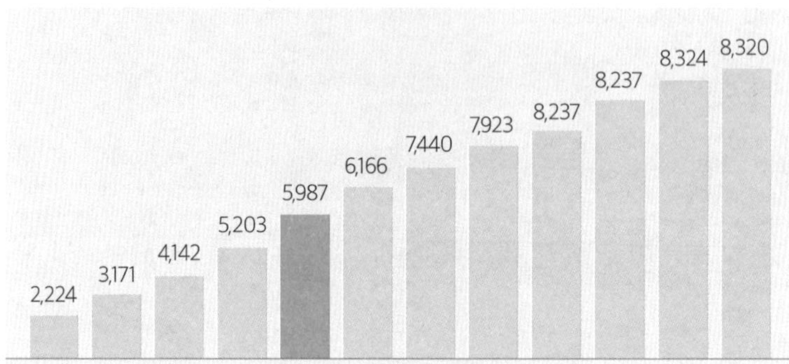

출처: 통계청

집에서 보내는 평균 시간

▶ **11시간 18분** 주중

▶ **14시간 24분** 주말

집에서 무엇을 할 것인가?

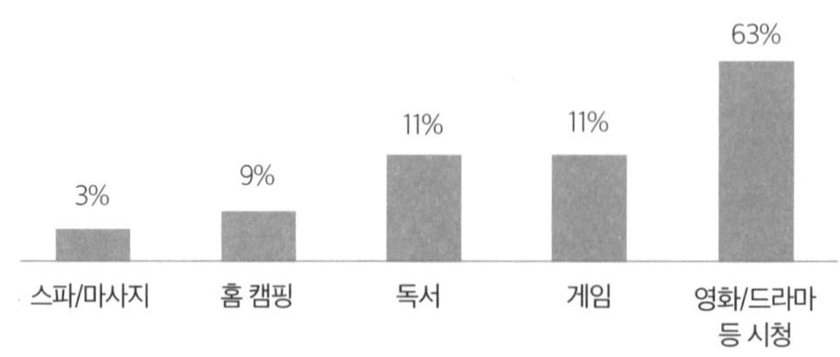

호모집쿠스에게 집의 의미란

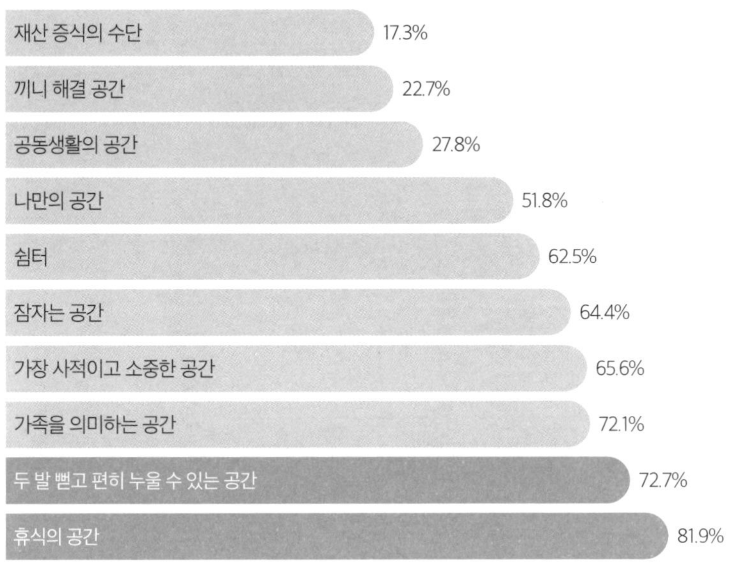

집에서 시간을 보내는 이유는

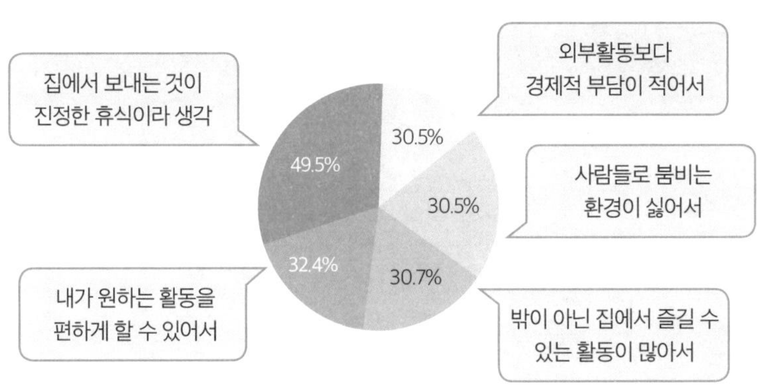

출처: KB DART

숫자로 보는 홈코노미

'홈코노미' 관련 업종 결제 증가세

*2018년 1분기 일평균 결제건수를 100으로 가정해 산출한 분기별 결제건수(단위: 건)

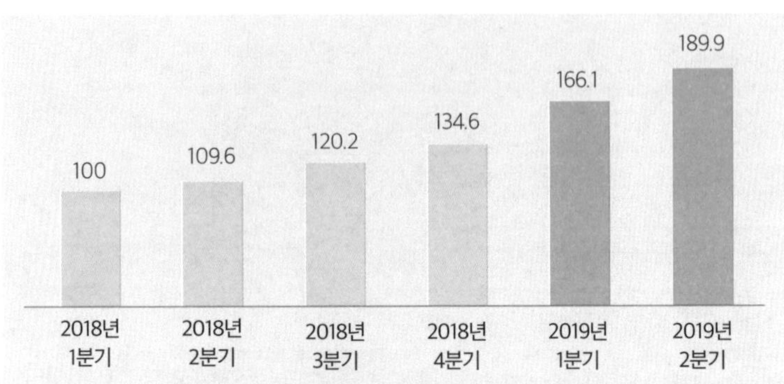

'홈코노미' 관련 업종별 결제건수 변화

*2019년 2분기 기준, 2018년 1분기를 '100'으로 가정(단위: 건)

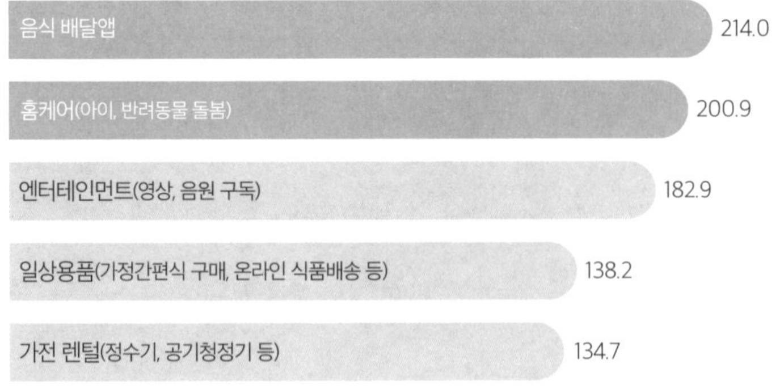

출처: KB DART

'홈코노미' 주요 구매처

▶ 판매액 증가 업태

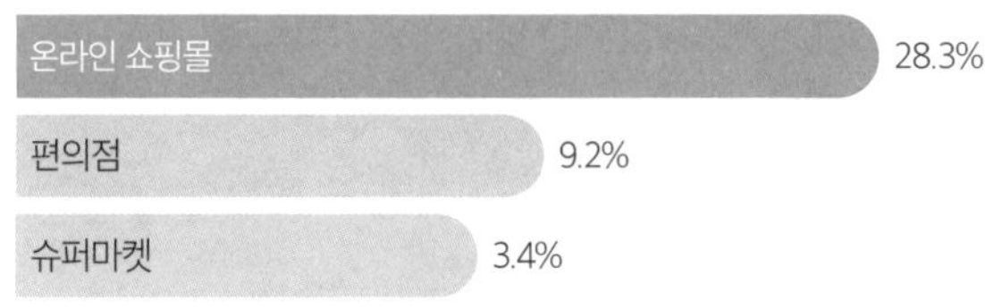

▶ 판매액 감소 업태

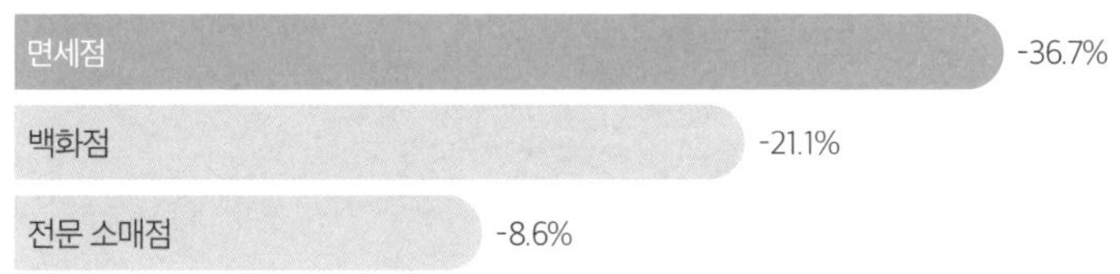

'홈코노미' 주요 소비 항목의 판매액 증감

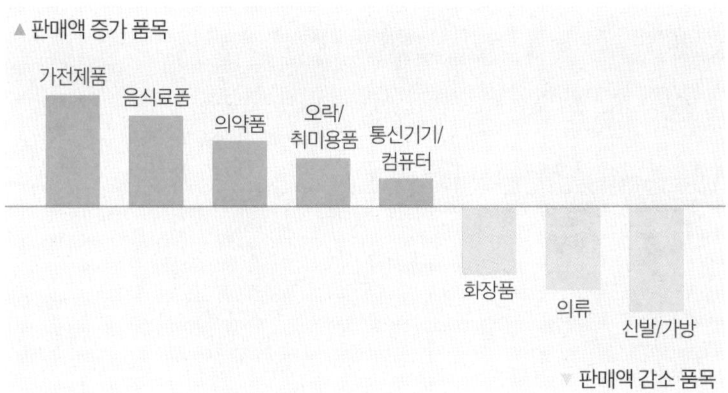

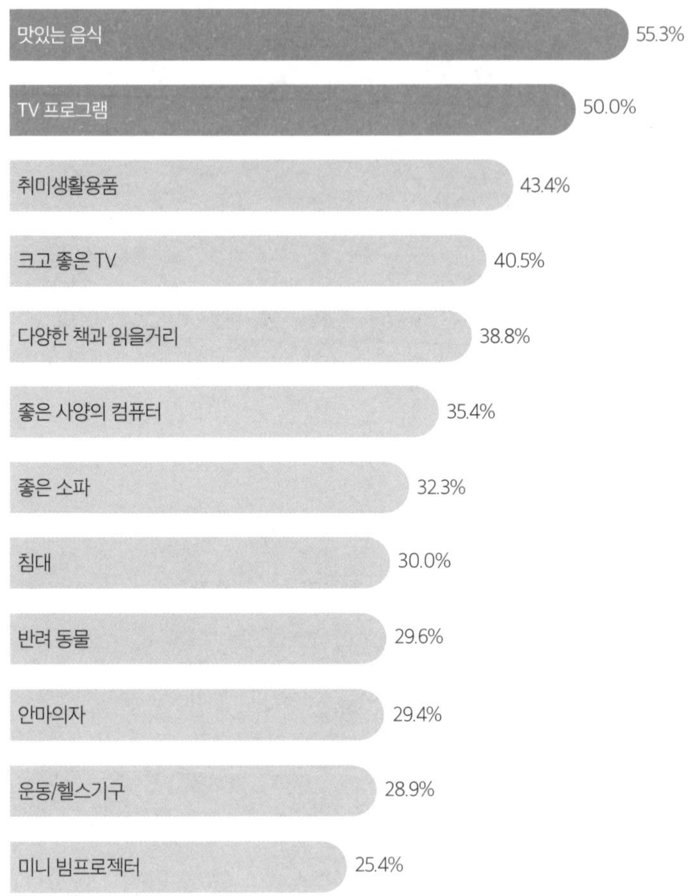
집에서 시간을 보내고 싶게 하는 아이템
맛있는 음식 55.3%
TV 프로그램 50.0%
취미생활용품 43.4%
크고 좋은 TV 40.5%
다양한 책과 읽을거리 38.8%
좋은 사양의 컴퓨터 35.4%
좋은 소파 32.3%
침대 30.0%
반려 동물 29.6%
안마의자 29.4%
운동/헬스기구 28.9%
미니 빔프로젝터 25.4%

호모집쿠스의 의식주 소비 트렌드

의류 정기 배송, 출장 세탁 이용 증가

*2019년 2분기 기준, 2018년 1분기 일평균 결제건수를 '100'으로 가정

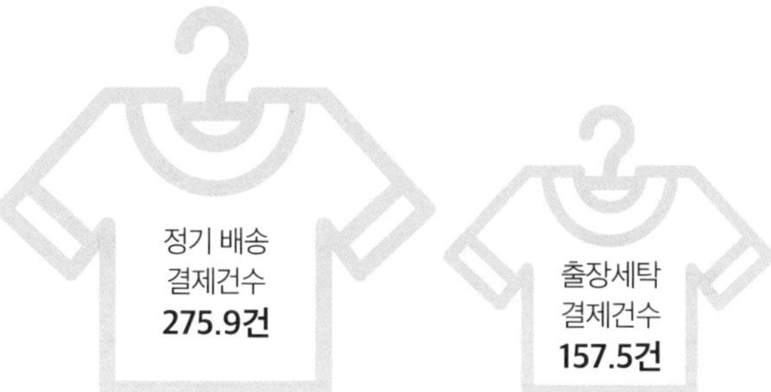

의류 관리기 판매 증가

*판매량 기준(단위: 대)

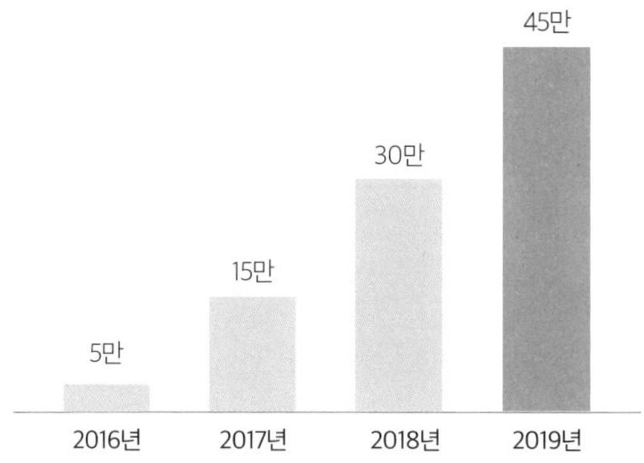

식

음식 배달앱 결제 증가

*2018년 1분기 일평균 결제 건수를 '100'으로 가정

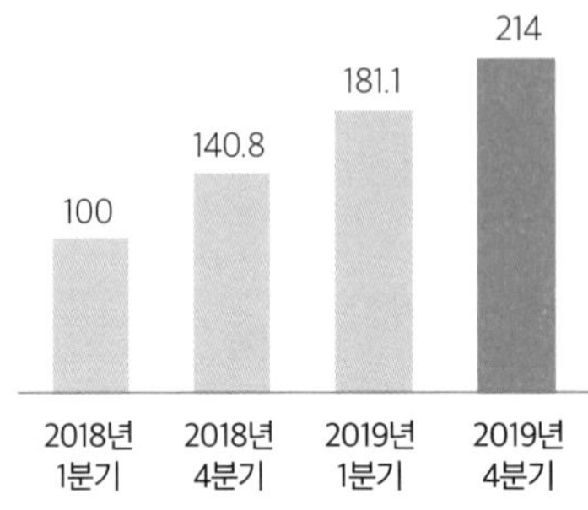

가정간편식 지출 증가

*가구당 월 평균 지출액

식자재 배송 연령별·성별 이용 추세

*2019년 2분기 기준, 2018년 1분기 일평균 결제 건수를 '100'으로 가정
*식자재 배송 이용 고객 큰손은 남성

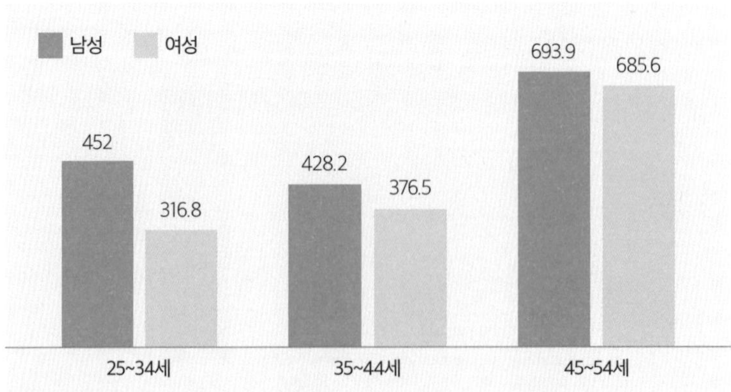

셀프인테리어 시장 규모

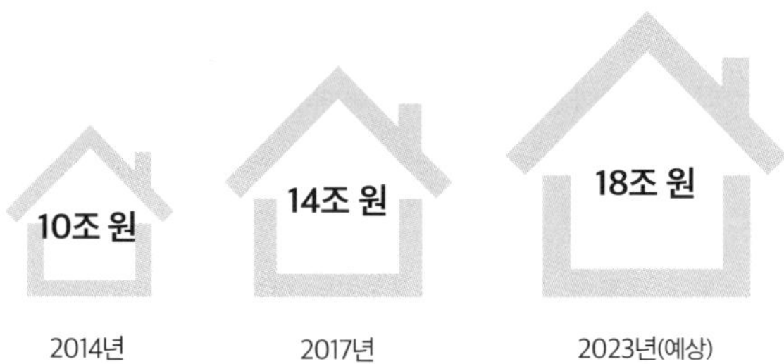

가전 렌탈 이용 증가

*2018년 1분기 일평균 결제 건수를 '100'으로 가정

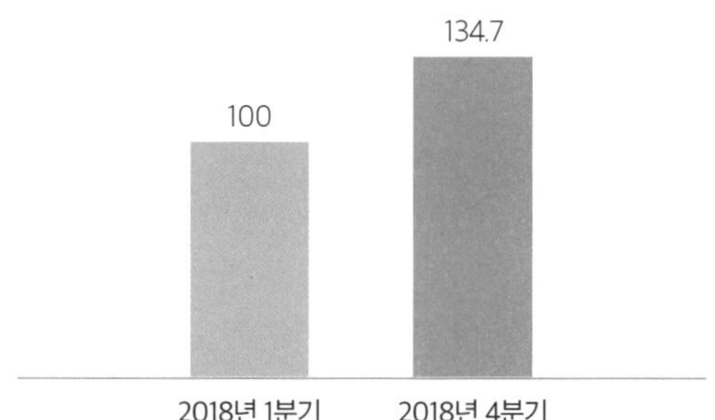

출처: 이코노미스트, KB DART

참고 문헌

- 이수호, “방금 주문했는데 곧 온다고? 코로나19로 촉발된 ‘배송 전쟁’”, 테크M, 2020년 4월 30일
- 한경진, 석남준 “어제까진 배송 경쟁… 이제부턴 반품 전쟁”, 조선일보, 2019년 12월 30일
- 민지혜 “패션업계에도 ‘총알배송’ 바람 부나….” 한국경제, 2020년 5월 7일
- 윤경희 “오전에 주문한 옷 저녁에 받는다, 의류 '총알배송' 시대”, 중앙일보, 2020년 4월 4일
- 백주원 “콘텐츠 더 짧게"..숏폼 전쟁 뛰어든 포털”, 서울경제, 2020년 4월 7일
- 이원용, “틱톡이 일으킨 나비효과 ‘숏폼 콘텐츠’의 미래!”, 트렌드인사이트, 2020년 3월 25일
- 임현석, 신혜원, “시간은 없지만 세상은 알고 싶어, 요즘 난리 난 서비스?”, 인터비즈, 2019년 10월 13일
- 장민수 “키노라이츠, 검색 소요시간 줄여주는 기능 장점”, 싱글리스트, 2020년 3월 17일
- 남정훈, ““내 시간 쓸 수 있다면”… ‘살림 아웃소싱’에 지갑 여는 현대인“, 세계일보, 2019년 12월 21일
- 김수경, “‘시간으로 쇼핑 하세요’… 먼 고객도 찾아오게 만드는 이케아의 기발한 마케팅”, 브랜드 브리프, 2020년 2월 18일
- 신소윤, “꽃배달부터 욕실청소까지…월 3만원에 구독하실래요?”, 한겨레, 2020년 5월 7일
- 정수환, “모여봐요 동물의 숲 : 브랜드 커뮤니케이션 채널 된 ‘동물의 숲’”, 더피알, 2020년 5월 7일
- 문유림, 이나라, “오늘은 ‘화가’ 내일은 ‘플로리스트’… 원데이 클래스 가는 사람

들", 조선일보, 2020년 2월 16일
- 윤지현, "문화센터 대신 의류 · 화장품 매장서 '원데이 클래스', 연합뉴스, 2020년 1월 5일
- 신성수, "이제는 신제품 출시도 언택트 마케팅으로!" 매드타임즈, 2020년 5월 5일
- 김성윤, "매일 책 한 권씩 찍어 올리라고요?… '챌린지'인가 숙제인가", 조선일보, 2020년 5월 23일
- 송지훈, 김지한, "스포츠 스타들이 '자가 격리'를 즐기는 방법", 조선일보, 2020년 3월 18일
- 최태범, "3만3000명이 엄지척…의료진 '덕분에' 챌린지 참여", 머니투데이, 2020년 5월 28일
- 조유빈, "'코로나19 기부' 아미, 큰 팬덤이 커다란 변화를 만들었다", 시사저널, 2020년 4월 26일
- 홍경진, "플렉스, 청춘의 통 큰 소비놀이 '날 위해 탕진했어'", 농민신문, 2020년 2월 17일
- 서예진, "'플렉스' 해버렸지 뭐야"… MZ세대 소비트렌드 '주목', 시사위크, 2020년 2월 12일
- 장윤미, "'돈쭐'로 증명되는 선한 영향력엔 원칙이 있다", 르몽드디플로마티크, 2020년 2월 3일
- 황상욱, "올겨울 '동물 친화' 브랜드로 따뜻함 더하세요", 부산일보, 2019년 11월 27일
- 권연수, "지구 보호 · 동물 실험 금지 · 착한소비운동 등 '뷰티 업계'가 진행하는 선한 영향력", 조선일보, 2020년 4월 23일
- 서영준, "#동물없는동물원 #코로나기부… 세상을 바꾸는 온라인 캠페인", 파이낸셜뉴스, 2020년 5월 17일
- 이선종, "[언택트] 들어는 봤어? 세미 언택트 시장", 트렌드인사이트, 2020년 5월 29일

- 배현정, “집에서 즐긴다… 은둔 아닌 트렌디로”, 한경머니, 제 180호
- 김은지, “놀이터–텃밭–술집… 가지 못하면 집 안에 만들지요”, 동아일보, 2020년 6월 13일
- 최보윤, “코로나에 다시 떴네…북유럽 '집콕 감성' 인테리어”, 조선일보, 2020년 5월 11일
- 이지원, “유튜브에서 취미 찾고 싶은 1인가구라면?”, 데일리 팝, 2020년 6월 2일
- 이지혜, “집에서 즐기는 ‘홈캠핑’ 뜬다”, 아웃도어 뉴스, 2016년 10월 5일
- 박호현, “간편식·청소·세탁…줄잇는 '혼족' 겨냥 스타트업”, 세계일보, 2019년 11월 5일
- 조현우, “요즘 1020세대 ‘놀이트렌드’, MBTI부터 빙고까지”, 탑스타뉴스, 2020년 6월 15일
- 박지혜, “코로나 공포로 집콕 방콕 하지만 취미활동으로 극복한다”, 시빅뉴스, 2020년 3월 29일
- 한송이, “‘슬기로운 집콕생활’… 코로나19로 인한 ‘온라인 취미’”, 여성조선, 2020년 4월 14일
- 진은희, “코리빙하우스 대세, ‘소유’아닌…‘소비’의 개념으로 접근필요”, 데일리굿뉴스, 2020년 1월 22일
- binna, “‘오늘 산 샤넬 가방 팝니다’…돈벌이 된 명품 리셀”, 헤럴드 경제, 2020년 6월 4일
- 노승욱, 나건웅, “먹고 놀고 즐기고 다 집에서~”, 매일경제, 2019년 4월 12일
- 손희서, 조연우, “트렌드는 ‘집’”, 숭대시보, 2018년 10월 15일
- 신승희, “성인남녀 5명 중 3명, 집에서 힐링하는 ‘홈족’”, 베리타스 알파, 2018년 11월 5일
- 황병서, “IT기업은 다르네 … NHN, 승진교육 · 회식도 비대면”, 디지털타임스, 2020년 5월 6일
- 진은희, “코리빙하우스 대세'소유'아닌…'소비'의 개념으로 접근필요”, 데일리굿뉴스, 2020년 1월 22일

- 강지남, "'밖으로 나가면 다 돈이라서'…현관문 밖은 위험해!, 주간동아, 2019년 7월 20일
- 한정수, "가구 렌탈회사가 되겠다는 이케아", 티타임즈, 2019년 4월 8일
- 이재은, "위기의 가구업계… 렌탈사업 · 고급화로 돌파구 찾는다", 조선비즈, 2019년 5월 21일
- 김종은, "네이버 한성숙→신세계 정용진, '맛남의 광장'서 빛은 선한 영향력", 티브이데일리, 2020년 2월 7일
- 남윤성, "기부는 저처럼 돈 많은 사람들이 많이 하면 됩니다", 데일리이스포츠, 2020년 3월 11일
- 김수경, "코카콜라, 뉴욕 타임스퀘어 광고판에 '사회적 거리두기' 메시지 전해", 브랜드브리프, 2020년 3월 24일
- 윤혜진, "20대들의 겁 없는 명품 쇼핑 놀이", 신동아, 2020년 1월 5일
- 이윤화, "'크루얼티프리' 아시나요?….", 이데일리, 2019년 7월 3일
- 권이랑, "소비자가 달라졌어요…'착한 제품만 산다'", 매일경제, 2019년 1월 4일
- 송윤경, "소비자 10명 중 6명 "착한기업 제품이라면 더 비싸게 살 용의있다", 경향비즈, 2015년 10월 28일
- 진민규, "아이스버킷에서 얻는 마케팅의 교훈", ㅍㅍㅅㅅ, 2015년 6월 16일
- 양승희, "'동물실험 화장품 이제 그만!'…디어달리아 '하트포포 캠페인' 진행", 이로운넷, 2019년 12월 13일
- 이수빈, "협력사가 살아야 우리도 산다…'상생경영' 힘쓰는 기업들," 한국경제, 2020년 5월 5일
- 임경호, "매일유업이 돈 안되는 분유를 20년간 만드는 까닭", 인사이트, 2019년 1월 7일
- "홈족(Home族)이 이끄는 트렌드", 한경머니 제180호
- "직장인 64.5% '나는 타임푸어'", 2019년 6월 11일
- "'포스트 코로나19 시대'의 19가지 '뉴 트렌드'", 문화일보, 2020년 5월 4일
- "나이키, '우리의 힘을 믿어' 활동 전개", 뉴시스, 2020년 4월 1일

- "코즈 마케팅: 착하고 싶은 심리를 톡 건드려라", 동아비즈니스리뷰, 2011년 12월호
- "세상을 적신 작은 물방울 : 코즈마케팅…", IBR, 2013SUS 5월
- "아이스버킷 챌린지 캠페인의 네 가지 성공 요인", 적정마케팅연구소, 2014년 8월
- 김난도 외, 《트렌드 코리아 2020》, 미래의 창
- 미스카 란타넨, 《팬츠드렁크》, 다산북스
- "집에서 나만의 만족과 행복 찾는다", KDI 경제정보센터, 2019년 12월호
- "나는 잘~ 논다. 집에서 '홈루덴스족 심리 파헤치기'", SM C&C, 2018년 11월호
- "'착한소비'는 왜 통할까", 2018년 12월호
- "홈코노미가 이끈 산업 변화", 중앙시사매거진, 1519호
- "집과 집 근처, 그곳에 내가 원하는 게 있다", 제일매거진, 2018년 10월호
- "강제 집콕에 홈퍼니싱 '팡'…아늑한 홈오피스 · 홈카페", 매경이코노미, 2020년 4월 30일자
- 이순지, "'1,570만 원 질렀어요!' 유튜브에서 유행하는 '하울' 영상", 한국일보, 2017년 11월15일
- 〈KB 트렌드 리포트: 홈코노미(Homeconomy)분석Part1, 2〉, KB국민카드(KB DART), 2019년 11월 18일
- 〈Samjong INSIGHT Vol. 66〉, 2019년
- 〈'2020 새벽배송 서비스 관련 인식 조사' 보고서〉, 트렌드모니터, 2020년 1월
- 〈'2020 숏폼 콘텐츠 트렌드' 보고서〉, 메조미디어
- 〈2019 '착한 소비' 활동 및 SNS 기부 캠페인 관련 조사 보고서〉, 트렌드모니터, 2019년 11월
- 〈2017 '착한 소비' 관련 인식 조사 보고서〉, 트렌드모니터, 2017년 10월
- 〈2015 코즈마케팅 및 착한 소비 관련 인식 조사〉, 트렌드모니터, 2015년 9월
- 〈'플렉스 소비문화'에 대한 설문 조사〉, 사람인, 2020년 2월

이미지 출처

- 아우디 페이스북
- 맥도날드 페이스북
- 코카콜라 페이스북
- 브랜디 페이스북
- 세탁특공대 페이스북
- 필리 홈페이지
- 와디즈
- 롯데칠성 홈페이지
- tapasnews
- 인스타그램 북도회관
- 스텔라 맥카트니 2020 F/W 컬렉션 페이스북
- 연합뉴스
- 인스타그램 @stop_hoon
- 네이버 블로그 우유반장
- 오늘의집 @반아115
- 라이엇 게임즈(홍나는컹컹이님)

포럼M(한국능률협회 밀레니얼연구소)

포럼M은 세상을 변화시키는 밀레니얼 세대를 위한 비즈니스 포럼이다. 밀레니얼 세대가 핵심 리더로 성장할 수 있도록 최신 트렌드와 마케팅 이슈에 대한 인사이트를 제공한다.

http://www.forum-m.com

이지향

포럼M 콘텐츠 매니저. 다양한 마이크로트렌드를 분석하여 그 속에 숨겨진 가치를 찾아내는 일에 희열을 느낀다. 트렌드를 뛰어넘는 메타트렌드를 제시하는 트렌드세터를 꿈꾼다.

박아름

포럼M 마케팅 매니저. 평소 사람들과의 커뮤니케이션을 통해 인사이트를 얻는 편이다. 잡학지식을 좋아하며, 공상에도 능하다. 트렌드 분석회의에서 치열함을 담당하고 있다.

엄재용

포럼M 운영 매니저. 트렌드를 좇기보다는 일상생활에서 자연스레 파악하는 편이다. 거리의 조형물이나 사람의 행동을 관찰하고 의미를 찾는 것을 좋아한다.

박경만

포럼M 디렉터. 변화의 흐름을 미리 파악하고 새로운 무언가를 기획하는 것을 좋아한다. 깊게 몰입해서 생각할 때 행복을 느끼고 미술과 영화에 대한 대화를 즐긴다.

Thanks to 지식 나눔 인플루언서

구기향 라이엇 게임즈 사회 환원 사업 총괄, 김고운 오늘의집 마케팅 총괄, 곽나래 SSG닷컴 기획자, 노재훈 패스트파이브 팀장, 육심나 카카오 소셜임팩트 이사, 이소영 마이크로소프트 이사께 감사드립니다. 기부해주신 지식 컨텐츠는 사회공헌활동에 전액 활용될 예정입니다.

3개월마다 만나는 마이크로 트렌드
Vol. 2 포노 씨의 하루

2020년 7월 30일 초판 1쇄 발행

지은이 · 포럼M(한국능률협회 밀레니얼연구소)
펴낸이 · 김상현, 최세현 | 경영고문 · 박시형

책임편집 · 김명래 | 디자인 · 정아연
마케팅 · 양근모, 권금숙, 양봉호, 임지윤, 조히라, 유미정 | 디지털콘텐츠 · 김명래
경영지원 · 김현우, 문경국 | 해외기획 · 우정민, 배혜림 | 국내기획 · 박현조

펴낸곳 · ㈜쌤앤파커스 | 출판신고 · 2006년 9월 25일 제406-2006-000210호
주소 · 서울시 마포구 월드컵북로 396 누리꿈스퀘어 비즈니스타워 18층
전화 · 02-6712-9800 | 팩스 · 02-6712-9810 | 이메일 · info@smpk.kr

ISBN 979-11-6534-210-4 (03320)